中外哲学典籍大全

总主编 李铁映 王伟光

外国哲学典籍卷

# 科学中华而不实的作风

〔俄〕赫尔岑 著

李原 译

吉洪 校

商务印书馆
The Commercial Press
创于1897

А.И.Герцен

**ДИЛЕТАНТИЗМ В НАУКЕ**

据莫斯科国家文艺出版社 1955 年版译出

Государственное Издательство

Художественной Литературы

Москва 1955

# 中外哲学典籍大全

**总主编** 李铁映 王伟光

**顾 问**（按姓氏笔画排序）

# 外国哲学典籍卷

# 中外哲学典籍大全
## 总　　序

《中外哲学典籍大全》的编纂，是一项既有时代价值又有历史意义的重大工程。

中华民族经过了近一百八十年的艰苦奋斗，迎来了中国近代以来最好的发展时期，迎来了奋力实现中华民族伟大复兴的时期。中华民族只有总结古今中外的一切思想成就，才能并肩世界历史发展的大势。为此，我们须要编纂一部汇集中外古今哲学典籍的经典集成，为中华民族的伟大复兴、为人类命运共同体的建设、为人类社会的进步，提供哲学思想的精粹。

哲学是思想的花朵、文明的灵魂、精神的王冠。一个国家、民族，要兴旺发达，拥有光明的未来，就必须拥有精深的理论思维，拥有自己的哲学。哲学是推动社会变革和发展的理论力量，是激发人的精神砥石。哲学能够解放思想，净化心灵，照亮人类前行的道路。伟大的时代需要精邃的哲学。

## 一　哲学是智慧之学

哲学是什么？这既是一个古老的问题，又是哲学永恒的话题。追问"哲学是什么"，本身就是"哲学"问题。从哲学成为思维的那一天起,哲学家们就在不停的追问中发展、丰富哲学的篇章,给出一张又一张答卷。每个时代的哲学家对这个问题都有自己的诠释。哲学是什么,是悬在人类智慧面前的永恒之问,这正是哲学之为哲学的基本特点。

哲学是全部世界的观念形态、精神本质。人类面临的共同问题,是哲学研究的根本对象。本体论、认识论、世界观、人生观、价值观、实践论、方法论等,仍是哲学的基本问题,是哲学的生命力所在!哲学研究的是世界万物的根本性、本质性问题。人们已经对哲学作出许多具体定义,但我们可以尝试再用"遮诠"的方式描述哲学的一些特点,从而使人们加深对"何为哲学"的认识。

哲学不是玄虚之观。哲学来自人类实践,关乎人生。哲学对现实存在的一切追根究底、"打破砂锅问到底"。它不仅是问"是什么(being)",而且主要是追问"为什么(why)",特别是追问"为什么的为什么"。它关注整个宇宙,关注整个人类的命运,关注人生。它关心柴米油盐酱醋茶和人的生命的关系,关心人工智能对人类社会的挑战。哲学是对一切实践经验的理论升华,它关心具体现象背后的根据,关心"人类如何会更好"。

哲学是在根本层面上追问自然、社会和人本身,以彻底的态度反思已有的观念和认识,从价值理想出发把握生活的目标和历史的趋势,从而展示了人类理性思维的高度,凝结了民族进步的智慧,寄托了人们热爱光明、追求真善美的情怀。道不远人,人能弘道。哲学是把握世界、洞悉未来的学问,是思想解放与自由的大门!

古希腊的哲学家们被称为"望天者"。亚里士多德在《形而上学》一书中说："最初人们通过好奇－惊赞来做哲学。"如果说知识源于好奇的话，那么产生哲学的好奇心，必须是大好奇心。这种"大好奇心"只为一件"大事因缘"而来。所谓"大事"，就是天地之间一切事物的"为什么"。哲学精神，是"家事、国事、天下事，事事要问"，是一种永远追问的精神。

哲学不只是思想。哲学将思维本身作为自己的研究对象之一，对思想本身进行反思。哲学不是一般的知识体系，而是把知识概念作为研究的对象，追问"什么才是知识的真正来源和根据"。哲学的"非对象性"的思维方式，不是"纯形式"的推论原则，而有其"非对象性"之对象。哲学不断追求真理，是认识的精粹，是一个理论与实践兼而有之的过程。哲学追求真理的过程本身就显现了哲学的本质。天地之浩瀚，变化之奥妙，正是哲思的玄妙之处。

哲学不是宣示绝对性的教义教条，哲学反对一切形式的绝对。哲学解放束缚，意味着从一切思想教条中解放人类自身。哲学给了我们彻底反思过去的思想自由，给了我们深刻洞察未来的思想能力。哲学就是解放之学，是圣火和利剑。

哲学不是一般的知识。哲学追求"大智慧"。佛教讲"转识成智"，"识"与"智"之间的关系相当于知识与哲学的关系。一般知识是依据于具体认识对象而来的、有所依有所待的"识"，而哲学则是超越于具体对象之上的"智"。

公元前六世纪，中国的老子说："大方无隅，大器晚成，大音希声，大象无形，道隐无名。夫唯道，善贷且成。"又说："反者道之动，弱者道之用。天下万物生于有，有生于无。"对"道"的追求就是对有之为有、无形无名的探究，就是对"天地何以如此"的探究。这种追求，使得哲学具有了天地之大用，具有了超越有形有名之有限经验的大智慧。这种大智慧、大用途，超越一切限制的篱笆，具有趋向无限的解放能力。

哲学不是经验科学，但又与经验有联系。哲学从其诞生之日起，就包含于科学形态之中，是以科学形态出现的。哲学是以理性的方式、概念的方式、论证的方式来思考宇宙与人生的根本问题。在亚里士多德那里，凡是研究"实体（ousia）"的学问，都叫作"哲学"。而"第一实体"则是存在者中的"第一个"。研究"第一实体"的学问被称为"神学"，也就是"形而上学"，这正是后世所谓"哲学"。一般意义上的科学正是从"哲学"最初的意义上赢得自己最原初的规定性的。哲学虽然不是经验科学，却为科学划定了意义的范围，指明了方向。哲学最后必定指向宇宙、人生的根本问题，大科学家的工作在深层意义上总是具有哲学的意味，牛顿和爱因斯坦就是这样的典范。

哲学既不是自然科学，也不是文学、艺术，但在自然科学的前头，哲学的道路展现了；在文学、艺术的山顶，哲学的天梯出现了。哲学不断地激发人的探索和创造精神，使人在认识世界的过程中不断达到新境界，在改造世界的过程中从必然王国到达自由王国。

哲学不断从最根本的问题再次出发。哲学史在一定意义上就是不断重构新的世界观、认识人类自身的历史。哲学的历史呈现，正是对哲学的创造本性的最好说明。哲学史上每一个哲学家对根本问题的思考，都在为哲学添加新思维、新向度，犹如为天籁山上不断增添一只只黄鹂、翠鸟。

如果说哲学是哲学史的连续展现中所具有的统一性特征，那么这种"一"是在"多"个哲学的创造中实现的。如果说每一种哲学体系都追求一种体系性的"一"的话,那么每种"一"的体系之间都存在着千丝相联、多方组合的关系。这正是哲学史昭示于我们的哲学之多样性的意义。多样性与统一性的依存关系,正是哲学寻求现象与本质、具体与普遍相统一的辩证之意义。

哲学的追求是人类精神的自然趋向,是精神自由的花朵。哲学是思想的自由,是自由的思想。

中国哲学是中华民族五千年文明传统中最为内在、最为深刻、最为持久的精神追求和价值观表达。中国哲学已经化为中国人的思维方式、生活态度、道德准则、人生追求、精神境界。中国人的科学技术、伦理道德、小家大国、中医药学、诗歌文学、绘画书法、武术拳法、乡规民俗,乃至日常生活都浸润着中国哲学的精神。华夏文明虽历经磨难而能够透魄醒神、坚韧屹立,正是来自于中国哲学深邃的思维和创造力。

先秦时代,老子、孔子、庄子、孙子、韩非子等诸子之间的百家争鸣,就是哲学精神在中国的展现,是中国人思想解放的第一次大爆发。两汉四百多年的思想和制度,是诸子百家思想在争鸣过程中大整合的结果。魏晋之际玄学的发生,则是儒道冲破各自藩篱、彼此互动互补的结果,形成了儒家独尊的态势。隋唐三百年,佛教深入中国文化,又一次带来了思想的大融合和大解放。禅宗的形成就是这一融合和解放的结果。两宋三百多年,中国哲学迎来了第三次大解放。儒释道三教之间的互润互持日趋深入,朱熹的理学和陆象山的心学,就是这一思想潮流的哲学结晶。

与古希腊哲学强调沉思和理论建构不同,中国哲学的旨趣在于实践人文关怀，它更关注实践的义理性意义。在中国哲学当中，知与行从未分离，有着深厚的实践观点和生活观点。伦理道德观是中国哲学的贡献。马克思说："全部社会生活在本质上是实践的。"实践的观点、生活的观点也正是马克思主义认识论的基本观点。这种哲学上的契合性，正是马克思主义能够在中国扎根并不断中国化的哲学原因。

"实事求是"是中国的一句古话，在今天已成为深邃的哲理，成为中国人的思维方式和行为基准。实事求是就是解放思想，解放思想就是实事求是。实事求是是毛泽东思想的精髓，是改革开放的基石。只有解放思想才能实事求是。实事求是就是中国人始终坚持的哲学思想。实事求是就是依靠自己，走自己的道路，反对一切绝对观念。所谓中国化就是一切从中国实际出发，一切理论必须符合中国实际。

# 二 哲学的多样性

实践是人的存在形式，是哲学之母。实践是思维的动力、源泉、价值、标准。人们认识世界、探索规律的根本目的是改造世界、完善自己。哲学问题的提出和回答都离不开实践。马克思有句名言："哲学家们只是用不同的方式解释世界，而问题在于改变世界。"理论只有成为人的精神智慧，才具有改变世界的力量。

哲学关心人类命运。时代的哲学，必定关心时代的命运。对时代命运的关心就是对人类实践和命运的关心。人在实践中产生的一切都具有现实性。哲学的实践性必定带来哲学的现实性。哲学的现实性就是强调人在不断回答实践中的各种问题时应该具有的态度。

哲学作为一门科学是现实的。哲学是一门回答并解释现实的学问；哲学是人们联系实际、面对现实的思想。可以说哲学是现实的最本质的理论，也是本质的最现实的理论。哲学始终追问现实的发展和变化。哲学存在于实践中，也必定在现实中发展。哲学的现实性要求我们直面实践本身。

哲学不是简单跟在实践后面，成为当下实践的"奴仆"，而是以特有的深邃方式，关注着实践的发展，提升人的实践水平，为社会实践提供理论支撑。从直接的、急功近利的要求出发来理解和从事哲学，无异于向哲学提出它本身不可能完成的任务。哲学是深沉的反思、厚重的智慧，是对事物的抽象、理论的把握。哲学是人类把握世界最深邃的理论思维。

哲学是立足人的学问，是人用于理解世界、把握世界、改造世界的智慧之学。"民之所好，好之，民之所惠，惠之。"哲学的目的是为了人。用哲学理解外在的世界，理解人本身，也是为了用哲学改造世界、改造人。哲学研究无禁区，无终无界，与宇宙同在，与人类同在。

存在是多样的，发展亦是多样的，这是客观世界的必然。宇宙万物本身是多样的存在，多样的变化。历史表明，每一民族的文化都有其独特的价值。文化的多样性是自然律，是动力，是生命力。各民族文化之间的相互借鉴、补充浸染，共同推动着人类社会的发展和繁荣，这是规律。对象的多样性、复杂性，决定了哲学的多样性；即使对同一事物，人们也会产生不同的哲学认识，形成不同的哲学派别。哲学观点、思潮、流派及其表现形式上的区别,来自于哲学的时代性、地域性和民族性的差异。世界哲学是不同民族的哲学的荟萃。多样性构成了世界,百花齐放形成了花园。不同的民族会有不同风格的哲学。恰恰是哲学的民族性,使不同的哲学都可以在世界舞台上演绎出各种"戏剧"。不同民族即使有相似的哲学观点,在实践中的表达和运用也会各有特色。

人类的实践是多方面的,具有多样性、发展性,大体可以分为:改造自然界的实践、改造人类社会的实践、完善人本身的实践、提升人的精神世界的精神活动。人是实践中的人,实践是人的生命的第一属性。实践的社会性决定了哲学的社会性,哲学不是脱离社会现实生活的某种遐想,而是社会现实生活的观念形态,是文明进步的重要标志,是人的发展水平的重要维度。哲学的发展状况,反映着一个社会人的理性成熟程度,反映着这个社会的文明程度。

哲学史实质上是对自然史、社会史、人的发展史和人类思维史的总结和概括。自然界是多样的,社会是多样的,人类思维是多样的。所谓哲学的多样性,就是哲学基本观念、理论学说、方法的异同,是哲学思维方式上的多姿多彩。哲学的多样性是哲学的常态,是哲学进步、发展和繁荣的标志。哲学是人的哲学,哲学是人对事物的自觉,是人对外界和自我认识的学问,也是人把握世界和自我的学问。哲学的多样性,是哲学的常态和必然,是哲学发展和繁荣的内在动力。一般是普遍性,特色也是普遍性。从单一性到多样性,从简单性到复杂性,是哲学思维的一大变革。用一种哲学话语和方法否定另一种哲学话语和方法,这本身就不是哲学的态度。

多样性并不否定共同性、统一性、普遍性。物质和精神、存在和意识,一切事物都是在运动、变化中的,是哲学的基本问题,也是我们的基本哲学观点!

当今的世界如此纷繁复杂,哲学多样性就是世界多样性的反映。哲学是以观念形态表现出的现实世界。哲学的多样性,就是文明多样性和人类历史发展多样性的表达。多样性是宇宙之道。

哲学的实践性、多样性还体现在哲学的时代性上。哲学总是特定时代精神的精华,是一定历史条件下人的反思活动的理论形态。在不同的时代,哲学具有不同的内容和形式。哲学的多样性,也是历史时代多样性的表达,让我们能够更科学地理解不同历史时代,更为内在地理解历史发展的道理。多样性是历史之道。

哲学之所以能发挥解放思想的作用,原因就在于它始终关注实践,关注现实的发展;在于它始终关注着科学技术的进步。哲学本身没有绝对空间,没有自在的世界,只能是客观世界的映象、观念的形态。没有了现实性,哲学就远离人,远离了存在。哲学的实践性说到底是在说明哲学本质上是人的哲学,是人的思维,是为了人的科学!哲学的实践性、多样性告诉我们,哲学必须百花齐放、百家争鸣。哲学的发展首先要解放自己,解放哲学,也就是实现思维、观念及范式的变革。人类发展也必须多途并进、交流互鉴、共同繁荣。采百花之粉,才能酿天下之蜜。

# 三　哲学与当代中国

中国自古以来就有思辨的传统,中国思想史上的百家争鸣就是哲学繁荣的史象。哲学是历史发展的号角。中国思想文化的每一次大跃升,都是哲学解放的结果。中国古代贤哲的思想传承至今,他们的智慧已浸入中国人的精神境界和生命情怀。

中国共产党人历来重视哲学。1938 年,毛泽东同志在抗日战争最困难的时期,在延安研究哲学,创作了《实践论》和《矛盾论》,推动了中国革命的思想解放,成为中国人民的精神力量。

中华民族的伟大复兴必将迎来中国哲学的新发展。当代中国必须要有自己的哲学,当代中国的哲学必须要从根本上讲清楚中国道路的哲学内涵。中华民族的伟大复兴必须要有哲学的思维,必须要有不断深入的反思。发展的道路就是哲思的道路;文化的自信就是哲学思维的自信。哲学是引领者,可谓永恒的"北斗",哲学是时代的"火焰",是时代最精致最深刻的"光芒"。从社会变革的意义上说,任何一次巨大的社会变革,总是以理论思维为先导。理论的变革总是以思想观念的空前解放为前提,而"吹响"人类思想解放第一声"号角"的,往往就是代表时代精神精华的哲学。社会实践对于哲学的需求可谓"迫不及待",因为哲学总是"吹响"新的时代的"号角"。"吹响"中国改革开放之"号角"的,正是"解放思想""实践是检验真理的唯一标准""不改革死路一条"等哲学观念。"吹响"新时代"号角"的是"中国梦""人民对美好生活的向往,就是我们奋斗的目标"。发展是人类社会永恒的动力,变革是社会解放的永恒的课题,思想解放、解放思想是无尽的哲思。中国正走在理论和实践的双重探索之路上,搞探索没有哲学不成!

中国哲学的新发展,必须反映中国与世界最新的实践成果,必须反映科学的最新成果,必须具有走向未来的思想力量。今天的中国人所面临的历史时代,是史无前例的。14 亿人齐步迈向现代化，这是怎样的一幅历史画卷！是何等壮丽、令人震撼！不仅中国亘古未有，在世界历史上也从未有过。当今中国需要的哲学，是结合天道、地理、人德的哲学，是整合古今中外的哲学，只有这样的哲学才是中华民族伟大复兴的哲学。

当今中国需要的哲学，必须是适合中国的哲学。无论古今中外，再好的东西，也需要经过再吸收、再消化，经过现代化、中国化，才能成为今天中国自己的哲学。哲学的目的是解放人，哲学自身的发展也是一次思想解放，也是人的一次思维升华、羽化的过程。中国人的思想解放，总是随着历史不断进行的。历史有多长，思想解放的道路就有多长；发展进步是永恒的，思想解放也是永无止境的；思想解放就是哲学的解放。

习近平同志在 2013 年 8 月 19 日重要讲话中指出，思想工作就是"引导人们更加全面客观地认识当代中国、看待外部世界"。这就需要我们确立一种"知己知彼"的知识态度和理论立场，而哲学则是对文明价值核心最精炼和最集中的深邃性表达，有助于我们认识中国、认识世界。立足中国、认识中国，需要我们审视我们走过的道路；立足中国、认识世界，需要我们观察和借鉴世界历史上的不同文化。中国"独特的文化传统"、中国"独特的历史命运"、中国"独特的基本国情"，决定了我们必然要走适合自己特点的发展道路。一切现实的、存在的社会制度，其形态都是具体的，都是特色的，都必须是符合本国实际的。抽象的或所谓"普世"的制度是不存在的。同时，我们要全面、客观地"看待外部世界"。研究古今中外的哲学，是中国认识世界、认识人类史、认识自己未来发展的必修课。今天中国的发展不仅要读中国书，还要读世界书。不仅要学习自然科学、社会科学的经典,更要学习哲学的经典。当前,中国正走在实现"中国梦"的"长征"路上,这也正是一条思想不断解放的道路!要回答中国的问题,解释中国的发展,首先需要哲学思维本身的解放。哲学的发展,就是哲学的解放,这是由哲学的实践性、时代性所决定的。哲学无禁区、无疆界。哲学关乎宇宙之精神,关乎人类之思想。哲学将与宇宙、人类同在。

# 四　哲学典籍

《中外哲学典籍大全》的编纂,是要让中国人能研究中外哲学经典,吸收人类思想的精华;是要提升我们的思维,让中国人的思想更加理性、更加科学、更加智慧。

中国有盛世修典的传统,如中国古代的多部典籍类书(如《永乐大典》《四库全书》等)。在新时代编纂《中外哲学典籍大全》,是我们的历史使命,是民族复兴的重大思想工程。

只有学习和借鉴人类思想的成就,才能实现我们自己的发展,走向未来。《中外哲学典籍大全》的编纂,就是在思维层面上,在智慧境界中,继承自己的精神文明,学习世界优秀文化。这是我们的必修课。

不同文化之间的交流、合作和友谊,必须在哲学层面上获得相互认同和借鉴。哲学之间的对话和倾听,才是从心到心的交流。《中外哲学典籍大全》的编纂,就是在搭建心心相通的桥梁。

我们编纂的这套哲学典籍大全包括四个方面的内容:一是中国哲学,整理中国历史上的思想典籍,浓缩中国思想史上的精华;

二是外国哲学，主要是西方哲学，以吸收、借鉴人类发展的优秀哲学成果；三是马克思主义哲学，展示马克思主义哲学中国化的成就；四是中国近现代以来的哲学成果，特别是马克思主义在中国的发展。

编纂《中外哲学典籍大全》，是中国哲学界早有的心愿，也是哲学界的一份奉献。《中外哲学典籍大全》总结的是经典中的思想，是先哲们的思维，是前人的足迹。我们希望把它们奉献给后来人，使他们能够站在前人的肩膀上，站在历史岸边看待自身。

《中外哲学典籍大全》的编纂，是以"知以藏往"的方式实现"神以知来"；《中外哲学典籍大全》的编纂，是通过对中外哲学历史的"原始反终"，从人类共同面临的根本大问题出发，在哲学生生不息的道路上，彩绘出人类文明进步的盛德大业！

发展的中国，既是一个政治、经济大国，也是一个文化大国，也必将是一个哲学大国、思想王国。人类的精神文明成果是不分国界的，哲学的边界是实践，实践的永恒性是哲学的永续线性，敞开胸怀拥抱人类文明成就，是一个民族和国家自强自立，始终伫立于人类文明潮流的根本条件。

拥抱世界、拥抱未来、走向复兴，构建中国人的世界观、人生观、价值观、方法论，这是中国人的视野、情怀，也是中国哲学家的愿望！

李铁映

二〇一八年八月

# 关于外国哲学

## ——"外国哲学典籍卷"弁言

### 李铁映

有人类,有人类的活动,就有文化,就有思维,就有哲学。哲学是人类文明的精华。文化是人的实践的精神形态。

人类初蒙,问天究地,思来想去,就是萌昧之初的哲学思考。

文明之初,如埃及法老的文化;两河流域的西亚文明;印度的吠陀时代,都有哲学的意蕴。

欧洲古希腊古罗马文明等,拉丁美洲的印第安文明,玛雅文化,都是哲学的初萌。

文化即一般存在,而哲学是文化的灵魂。文化是哲学的基础,社会存在。文化不等同于哲学,但没有文化的哲学,是空中楼阁。哲学产生于人类的生产、生活,概言之,即产生于人类的实践。是人类对自然、社会、人身体、人的精神的认识。

但历史的悲剧,发生在许多文明的消失。文化的灭绝是人类最大的痛疚。

只有自己的经验,才是最真实的。只有自己的道路才是最好的路。自己的路,是自己走出来的。世界各个民族在自己的历史上,也在不断的探索自己的路,形成自己生存、发展的哲学。

知行是合一的。知来自于行,哲学打开了人的天聪,睁开了眼睛。

欧洲哲学,作为学术对人类的发展曾作出过大贡献,启迪了人们的思想。特别是在自然科学、经济学、医学、文化等方面的哲学,达到了当时人类认识的高峰。欧洲哲学是欧洲历史的产物,是欧洲人对物质、精神的探究。欧洲哲学也吸收了世界各民族的思想。它对哲学的研究,对世界的影响,特别是在思维观念、语意思维的层面,构成了新认知。

历史上,有许多智者,研究世界、自然和人本身。人类社会产生许多观念,解读世界,解释人的认识和思维,形成了一些哲学的流派。这些思想对人类思维和文化的发展,有重大作用,是人类进步的力量。但不能把哲学仅看成是一些学者的论说。哲学最根本的智慧来源于人类的实践,来源于人类的生产和生活。任何学说的真价值都是由人的实践为判据的。

哲学研究的是物质和精神,存在和思维,宇宙和人世间的诸多问题。可以说一切涉及人类、人本身和自然的深邃的问题,都是哲学的对象。哲学是人的思维,是为人服务的。

资本主义社会,就是资本控制的社会。资本主义社会的文化、哲学,有着浓厚的铜臭。

有什么样的人类社会,就会有什么样的哲学,不足为怪。应深思"为什么?""为什么的为什么?"这就是哲学之问,是哲学发展的自然律。哲学尚回答不了的问题,正是哲学发展之时。

哲学研究人类社会,当然有意识形态性质。哲学产生于一定社会,当然要为它服务。人类的历史,长期是阶级斗争的历史,而哲学作为上层建筑,是意识形态。阶级斗争的意识,深刻影响着意识形态,哲学也如此。为了殖民、压迫、剥削……社会的资本化,文化也随之资本化。许多人性的、精神扭曲的东西通过文化也资本化。如色情业、毒品业、枪支业、黑社会、政治献金,各种资本的社会形态成了资本社会的基石。这些社会、人性的变态,逐渐社会化、合法化,使人性变得都扭曲、丑恶。社会资本化、文化资本化、人性的资本化,精神、哲学成了资本的外衣。真的、美的、好的何在?!令人战栗!!

哲学的光芒也腐败了,失其真!资本的洪水冲刷之后的大地苍茫……

人类社会不是一片净土,是有污浊渣滓的,一切发展、进步都要排放自身不需要的垃圾,社会发展也如此。进步和发展是要逐步剔除这些污泥浊水。但资本揭开了魔窟,打开了潘多拉魔盒,呜呜!这些哲学也必然带有其诈骗、愚昧人民之魔术。

外国哲学正是这些国家、民族对自己的存在、未来的思考,是他们自己的生产、生活的实践的意识。

哲学不是天条,不是绝对的化身。没有人,没有人的实践,哪来人的哲学?归根结底,哲学是人类社会的产物。

哲学的功能在于解放人的思想,哲学能够使人从桎梏中解放出来,找到自己的自信的生存之道。

欧洲哲学的特点,是欧洲历史文化的结节,它的一个特点,是与神学粘联在一起,与宗教有着深厚的渊源。它的另一个特点是私有制、个人主义。使人际之间关系冷漠,资本主义的殖民主义,对世界的奴役、暴力、战争,和这种哲学密切相关。

　　马克思恩格斯突破了欧洲资本主义哲学,突破了欧洲哲学的神学框架,批判了欧洲哲学的私有制个人主义体系,举起了历史唯物主义,唯物辩证法的大旗,解放了全人类的头脑。人类从此知道了自己的历史,看到了未来光明。社会主义兴起,殖民主义解体,被压迫人民的解放斗争,正是马哲的力量。没有马哲对西方哲学的批判,就没有今天的世界。

　　二十一世纪将是哲学大发展的世纪,是人类解放的世纪,是人类走向新的辉煌的世纪。不仅是霸权主义的崩塌,更是资本主义的存亡之际,人类共同体的哲学必将兴起。

　　哲学解放了人类,人类必将创造辉煌的新时代,创造新时代的哲学。英特纳雄耐尔就一定会实现,这就是哲学的力量。未来属于人民,人民万岁!

科学中华而不实的作风

# 目　次

# 论　文　一

　　我们生当两个世界的交替之际,因而对于有思想的人们说来生活就格外的艰辛和困难。一些陈旧的信念、一切过时的世界观都已摇摇欲坠,而人们在心目中却把这些东西奉为至宝。新的信念包罗万象而又宏伟,但犹未开花结果;嫩叶和蓓蕾预兆着壮实的花朵,然而这些花朵却含苞未放,因而人们在心目中把这些东西视如路人。许许多多的人仍然既没有过时的信念,也没有现时的信念。另一些人则机械地把两者混为一谈,而沉沦于伤感的黄昏思想之中。在这种情况下,一些轻浮的人就终朝沉溺于虚荣浮华;一些思考的人则颇感烦恼:因为他们无论如何要寻求和解,因为内心纷扰不安,精神生活没有坚实的基础,人就无法生活。然而思维领域里的全盘和解是要由科学出面媾和的。至于渴望和解的人则可以分为两种*,一种人不相信科学,不肯去研究科学,不肯去探讨它为什么这样说,不想走科学的艰辛的道路,他们说:"我们痛苦的心灵所需要的是慰藉,而科学却对苦苦哀求面包的人报以石块,对破碎心灵的哀号和呻吟,对祈求同情的涕泣,则报以冷冰冰的理智和一般的公式;以它那高不可攀的逻辑,无论对实际的人们,无论

---

　　* 标有星形符号处,俄文本编者另行加注,见本书卷末。——译者注

对神秘主义者,它都同样无法予以满足。它故意把话说得玄妙难懂,以便于把它的枯燥乏味的根本思想隐藏在烦琐哲学的森林之中——elle n'a pas d'entrailles①。"另一种人则恰恰相反,他们找到了表面上的和解,而用某种不合法的办法对一切进行解答,他们懂得科学字面上的意思,但对科学的活的精神则不肯深入钻研。他们竟至于肤浅到这般地步,认为一切都易如反掌,认为任何问题他们都能够解决;你一听他们的讲话,就仿佛科学再也没有什么可干的了。他们有一部自己的《古兰经》,他们对它坚信不渝,并把它当做最后的论据来引证。这些科学中的伊斯兰教徒*对于科学的进步是极端有害的。亨利四世说过:"但愿上天保佑我不受友人的伤害,至于敌人则让我自己去对付";这些被人误认为是科学本身的科学之友,使科学敌人的憎恨成为合法的,——科学则仍然是少数杰出人物的事业。

然而,科学即使只光临过一个人,它究竟是一个事实,是一件不是可能中的而是现实中的大事件;这个事件是不能否认的。这一类事实从来也不会不逢其时而实现;但科学的时节已经到来,它已经获致了自己的真正的概念;对于体验过自我认识阶梯全部梯级的人类精神来说,真理开始在具有严正科学形态的机体中,而且也在有生命的机体中发现了。科学的未来是没有什么可忧虑的。然而令人遗憾的是这一代人,他们如果没有见到白昼的光辉,至少也见到了早霞的,但他们只由于背向着东方,却在黑暗中受尽折

———————————

① (法语)它是无情的。——俄文本编者注(以下凡未另行注明注者的,都是俄文本编者注。——译者注)

磨,或者以琐事自慰。这些渴求者为什么不能从那两个世界——一个是过去的,垂死的,有时曾被他们唤起,但裹着尸衣的世界,一个是对他们说来尚未诞生的现今的世界——中的任何一个取得幸福呢?

哲学在目前还不能被群众所接受。做为科学的哲学,其前提是自我思维必须发展到相当的地步,做不到这点就无法上升到哲学的境界中来。无形体的思辨,群众是根本不能理解的;他们只能接受有血有肉的东西。要想丢掉自己人为的语言而过渡到普遍意识上去,使自己变成市场上和家庭中的财产,变成所有的人和每一个人行动和观察的最根本的源泉,——哲学还太年轻,它还不能到达这样的成熟程度,它在自己家里,在抽象的范围内还有许多事要做。除掉伊斯兰教徒式的哲学家,谁也不会认为科学上的一切都已完善,虽然已有形式的完美,在它之中展开的内容的充分性,以及本来就明确透彻的辩证方法。不过,科学如果是群众所不可及的,那么,灵魂的空虚状态以及矫揉造作的狂乱的虔诚主义等痛苦也就不来折磨他们了。群众并不在真理之外,他们借神圣的启示而知道它。处于不幸和凄惨境地的,则是一些陷于群众自然的素朴和科学的理智的素朴之间的夹壁中的人们。

请先让我们暂时不破坏形式主义者安息于其中的安然态度和无为主义,而只是研究一下现代科学的敌人,——我们把他们称为华而不实的人和浪漫主义者。形式主义者虽无痛苦,可是这些人却患病在身,——他们的生活是难过的。

除掉那些已经活到丧失其存在意义的某些阶级,以及那些荒谬到无人理睬的人们以外,科学在欧洲实在并没有敌人。一般说来，华而不实的人，也是科学的友人，如贝朗热①所说的，nos amis les ennemis②＊，不过在科学的目前的情况下，则是科学的敌人。这些人都感到有谈谈哲学的要求，不过是顺便地，轻松愉快地，在一定限度内地谈谈而已；被我们这个世纪的实际精神所嘲弄的，柔弱而富于幻想的人，就是这一种人；到处渴求实现其迷人的，但无法实现的幻想的他们，在科学中没有找到这些幻想，不是不再理睬科学，而是专心致志于个人期待和希望的狭小范围内，虚耗精力在渺茫的远方。另一方面，属于这方面的还有被细枝末节弄得丧魂落魄，坚决停滞在各种悟性理论和分析解剖中的真正的实证论的信徒。最后，组成这一流派的还有这样一些人，他们刚刚脱离童年，认为科学颇为容易（依他们看来），只要想知道就能知道，可是科学并不向他们俯首，因此他们就生它的气了；他们既缺乏深厚的天赋，也缺少坚持不断的劳动，更没有无条件献身真理的心愿。他们尝了尝知识之树的一个果实，便忧郁地宣称它又酸涩又腐臭，就像那些噙满泪水谈论着友人的缺点的好心肠的人那样，——而另一些好心肠的人之所以相信他们，就因为他们都是朋友。

跟华而不实的人共度晚年的有浪漫主义者，他们是把垂死的世界认为永垂不朽并为其深致哀悼的、过时的世界的过时的代表人物；除了拔刀相向，对新世界他们是不屑一顾的；笃信中世纪传说的他们，酷似堂吉诃德，披着一身忧伤和诅咒的长袍，为人们沉沦于深渊而伤怀。尽管如此，他们还愿意承认科学；不过为此他们

---

① Beranger(1780—1859)，法国民谣作家。——译者注

② （法语）我们的敌友。

就要求科学无条件承认达辛尼亚·台尔·托波索①是第一名美人。必须不偏不倚、毫无成见地待人接物的时代已经降临了；成年时代开始了，因而就不必只说甜言蜜语，而且也应该说点辛辣的话。我们之所以不得不出来驳斥科学中持轻浮态度的人，是因为他们诽谤科学，也是为了怜悯他们；最后，在我国谈一谈他们则尤其必要。

俄罗斯性格中最大的长处之一，就是极端轻而易举地接受并占有别人的劳动果实。不仅轻捷，同时还很巧妙，这是我们的性格中最富人性的一面。不过这个优点同时也是一个极大的缺点，因为我们很少有人能够坚定不移地潜心劳动。我们很喜欢假手他人火中取栗；让欧罗巴流着血汗去发掘每一条真理，做出每一个发现，让他们经受沉重的妊娠、艰辛的分娩和折磨人的哺育这一切苦痛，——而婴儿却归属我们，我们似乎觉得这是合乎事物规律的。我们忽略了，我们将弄到手的婴儿乃是一个养子，我们跟它之间并没有有机的联系……。一切都很顺利。不过当我们接触了现代科学的时候，它的顽强性就应该使我们感到惊奇了。这个科学是到处为家的，——就只是不会在不播种的地方使人丰收。当然，它不仅在接纳它的每个民族那儿，而且也在每个人那儿萌芽，滋长。我们只想抓住成果，就像捕捉苍蝇似的攫取它，可是把手张开来的时候，我们不是自欺欺人的认定绝对就在这里，就是懊丧地看到，手掌中原来是空空如也。问题在于科学是真正存在的，它也有伟大的成果；不过单独的成果是根本不存在的。这有如活人的脑袋由

① 堂吉诃德的意中人。——译者注

脖颈连结在躯干上的时候，里面就充满思想，离开躯干时那个脑袋就只不过是个空洞的形式。这一切在我国比在外国当然更使华而不实的人惊骇、伤心，因为在我们这里科学和科学的方法的概念远不如别国那样发展。我国华而不实的人大哭大叫地指证他们受了西方骗人的科学的欺骗，说科学成果阴暗、暧昧，虽然也有"如此这般"等等条理清楚的思想。这种话之所以对我们是有害的，是因为没有一句荒谬和迂腐的话，不是我国华而不实的人以令人惊异的确信发表出来的；而且也因为我们关于科学尚未建立起最普通的概念，因而群众就会把这些话信以为真；有一些先行的真理，譬如在德国，是为人深信不疑的，可是我们没有。关于这些真理那里已经不再有人议论，可是我们尚无人议论。在西方反对现代科学的战争，所表现的是国民精神中世世代代发展起来和在顽固的独特性中变得更加坚强的某些因素；回忆不许他们后退；譬如从新教的片面性中产生出来的德国虔诚主义者们＊就是这样的。尽管他们从现代生活中被排挤出去的处境如何可悲，但是不能否认他们有着突出的特点——那就是他们用来进行殊死搏斗的韧性和彻底性。我国华而不实的人假如把这种国外的病症接纳过来的话，由于没有前行的事实，他们的浅薄性和非理性也会令人吃惊的。他们对退却不会感到羞耻，因为他们尚未前进一步。他们是永远彷徨在科学殿堂门外的人——他们是无家可归的。可是假如他们能克服东方的懒惰，切实地把注意力放在科学上面，他们是会跟科学和解的。不过糟糕就糟糕在这里。我们就像一到八岁就讨厌文法一样，一到成年就讨厌科学。艰深和暧昧——是科学的主要罪状，在这个主要罪状之外，还附加了一些其他的非难：虔诚主义的、伦理的、爱国的、感伤的。歌德很早以前就说过："在他们谈论书籍暧昧不明的时候,应当问一问暧昧不明是在书里呢,还是在脑袋里。"一般总是以困难做口实,——可是这种非难总有点不体面,这是一种疏懒成性的、不值得提出的非难①。科学不是可以不劳而获的,——诚然;在科学上除了汗流满面是没有其他获致的方法的;热情也罢,幻想也罢,以整个身心去渴求也罢,都不能代替劳动。可是他们就不爱劳动,而只是以下面的想法自慰:现代科学还只是在整理材料,要有超人的努力才能懂得它,但很快就会从天上掉下,或者从地下钻出另一种容易的科学来的。

"艰深,不可解!"可是他们怎么知道这点的呢?难道置身科学之外就会知道它的艰深程度吗?难道科学就没有一个正因为是原理、是犹未发展的普遍性、所以就浅显易懂的形式原理吗?从另一方面来看,他们以不可解做为口实是对的,比他们所认为的更对。假如我们来考察一下:为什么有许多人尽管渴望并追求真理,而仍旧学不好科学,那么我们就会发现一个本质的、主要的、普遍的原因,那就是他们都不了解科学,也不了解要从它那里得到些什么。有人会说:如果爱好并致力于科学的人们也不了解科学,那么科学究竟为谁而存在呢?难道像炼金术一样只是对懂得其中的术语的它的术士才存在吗?不是,现代科学对每一个只要有活的灵魂的人,肯献身并老实地对待它的人都是可以理解的。问题在于这些大人先生们煞费苦心地、"别有用心"地来对待它,想考验考验它,

---

① 我们对科学也许还有这样一种无理的非难:它为什么使用一些不常见的语言呢?——可是对哪些人才是不常见呢?——赫尔岑原注

向它要这要那而又不肯为它牺牲什么；这么一来，尽管他们像蛇一样聪明，——而科学对他们仍然是毫无意义的形式，逻辑上的casse－tête①，不含有任何实体的东西。

放弃自己的信念就意味着承认真理；只要我的个性跟真理相抗衡，它就限制真理，压抑真理，使真理屈从，听命于它的恣意专横。珍惜地保留个人信念并不是真理，只不过是他们叫做为真理的东西而已。他们爱的并不是科学，而恰恰是他们可以在其中自在地梦想和自我陶醉的对科学的蒙眬、不定的想望而已。这些智慧的探求者，每个人都走自己的小径，过高地估计自己的丰功伟绩，过分地疼爱自己的聪慧的个性竟达于难于割舍的程度。有过一个时期，好多事情只因为向往和爱慕科学就可以得到原谅；这个时期已经过去了；目前光是那种柏拉图式的爱情是不够的了。因为我们是现实主义者，我们非把爱情变成行动不可。可是是什么使人这样顽强地坚持个人信念的呢？——这都是因为个人主义。个人主义憎恶普遍的东西，它使人脱离人类，要把他放在特殊地位上；对于它来说，除了自己的个性，一切一切都是无关的。它到处随带着自己恶毒的气氛，弄得光明不被歪曲就无法透过它。同个人主义携手并进的还有自豪的傲慢态度；以毫无礼貌的玩忽轻浮态度翻开科学书籍。但是，尊重真理——这才是大智的起点。

哲学的地位对于它的钟情者来讲，并不比奥德赛在外不归时的佩涅洛普②的处境更好一些：没有人保护它；它不像数学，有公

————————————

① （法语）难题。

② 古希腊传说，佩涅洛普是在外漂流长期不能归家的英雄奥德赛的妻子，由于奥德赛不回家，没有人卫护，她受到许多求婚者的骚扰。——译者注

式、图形的卫护,在它的周围也没有各种专门科学在自身周围建立的那种栅栏。哲学的极其包罗万象这一点使人觉得它从外面即可以了解似的。思想这种东西越包罗万象,越富有普遍性,则就越易于被人作皮相的理解,因为内容的各个局部于其中并未获得发展,人们也就猜想不到它们存在着。伫立海岸眺望明镜般的海面时,可能对游泳家的胆怯感到诧异;风平浪静使人忘却了它的渊深和贪婪,——海水看来好像是水晶或坚冰似的。然而游泳家是清楚地知道能不能信任这种冷漠和平静的。在哲学里面正像在海洋里面一样,既没有坚冰,也没有水晶,一切都在运转、流动,生气勃勃,每一点都同样的渊深;在它的里面,正像在熔炉里面一样,熔解着落在它的无始无终的循环之中的一切坚硬的、石化了的东西,但同时,却又像海洋一样,它的表面光滑、平静、明亮,一望无际,并倒映着青天。由于这个视错觉,华而不实的人就勇猛地走上前去,对真理毫无敬畏之情,对于工作了约三千年才达到目前发展的人类的劳动毫无敬意。他们连门径也不打听一下,就轻率地沿着起点滑下去,自谓了解它,也不问询一下科学是什么,科学能给他们一些什么,而强求它作出他们想要向它征询的答案。一种模糊的预感认为哲学应当解答一切、应当为人调解、给人安慰;因此就要求它提供自己的信仰、每一个假说的证明,失败中的慰藉,天晓得他们不要求的是什么。科学的严正的、消除热情和个性的这个性质,使他们吃惊;他们感到奇怪,认为他们的期望被辜负了,他们被迫在他们寻找憩息的地方进行劳作,而且果然在劳作着。科学不再使他们喜欢了;他们取得某些成果,这些成果在他们所采取的形式之中是毫无意义的,他们把这些成果绑在耻辱的柱子上,当做科学来加以鞭挞。请看，每个人都认为自己是合乎资格的法官，因为每个人都对自己的智慧和他在科学上的优越地位深信不疑，即使他只读过一本概论。一位伟大的思想家说："世界上没有人会认为不学做鞋手艺就能够做鞋，即使每个人都有两只脚作鞋样也好。哲学连这种权利也分享不到。"*个人的信念乃是一个终审的武断的法庭。那么，这些信念他们是从哪里得来的呢？——那是从父母，保姆，学校那儿，从好人和坏人那儿，也从自己有限的一点智力中得来的。"每个人都有自己的智慧，——不必关心别人怎么想。"当涉及的不是日常偶然琐事而是科学的时候，要说这句话，那就必须是一个天才或是一个疯子。天才是不多的，这句名言倒是经常有人一再地讲。不过，我虽则知道，智慧超越同代人（譬如哥白尼），以至于他所认定的真理跟通行的看法正相反的天才是可能有的，然而，我可并没有遇到一个伟大的人物，说所有的人的头脑都是一样的，而他的头脑是另一样的。哲学和文明的全部事业就是在一切人的头脑里揭示同样的头脑。人道的全部建筑物就建立在智力一致这个基础之上；只是在低级、微末，以及纯动物性的欲望上人们才是不同的。同时应当指出这种名言只有在问题涉及哲学和美学的时候才可以被承认。其他科学，甚至做鞋的手艺，其客观意义早已被承认了。任何一个人都有自己的哲学，自己的审美力。善良的人们决不会以为这是用最积极的方式否定哲学和美学。因为假如哲学与美学是以每个人的好恶为转移的话，那它们怎么还能存在呢？原因就有一个：科学和艺术的对象是眼睛看不见，嘴巴不能吃的。精神乃是变幻莫测的海神：对于人来说它是人所认为的东西，认为它在，它就在；完全不认为它在，它就不在；不过这种不存在乃是对一个人而言，并不是对人类而言，也不是对它本身而言。休谟在谈到毕丰①某一假说时，曾以当代 sui generis② 的天真说道："真奇怪，对他的话的可靠性我几乎深信不疑，可是他所谈的却是人的眼睛所看不到的对象。"因此，对于休谟来说，精神只存在于它的具体化之中；对于他来说，真理的标准就是鼻子、耳朵、眼睛和嘴。这以后他否定了因果关系（因果性），这是奇怪的吗？

其他一些科学比起哲学来要幸运得多，因为那些科学拥有在空间上是不可入的，在时间上是确实存在的对象。譬如在自然科学里就不能像在哲学里那样嬉戏。自然乃是可见规律的界域；它不让自己受欺凌；它可以提出无法否定的物证和辩驳，因为这些都可以用眼睛看见，可以用耳朵听见。研究者要无条件屈服，个性要受到压抑，它只能在通常总是于事无补的那些假说里出现。在这一方面，唯物主义者站得较高，能作为华而不实的空想家的榜样，因为唯物主义者理解自然界中的精神，并且只是当做自然界来加以理解——可是，尽管在自然界之中并没有真正的和解，他们却在它的客观性面前低头了；因此在他们中间就出现了像毕丰、居维叶、拉普拉斯③及其他一些如此强有力的人物。假如实验向一个化学家展示了与他所想象的全然不同的事，如锌的作用可以是错误的，硝石酸可以是一个荒谬的概念，那么这位化学家无论什么理

① 　Buffon(1707—1788)，法国生物学者，著《博物志》。拉马克以前进化论先驱者之一，主张生物变化决定于外界影响。——译者注

② 　（拉丁语）特有的。

③ 　Cuvier(1769—1832)，法国大生物学家。Laplace(1749—1827)，法国大数学家。——译者注

论都可以抛弃,什么个人信念都可以牺牲。其实实验乃是最可怜的认识方法,它屈服于物理学上的事实;但对于精神和理性的事实却没有人认为自己应当屈服;他们不肯费力去认识这些,不承认这些是事实。他们带着自己的渺小的哲学来研究哲学;利己主义想象的一切梦想和怪癖在这种渺小的、自制的、手工业的哲学之中得到满足。当这一切梦想在哲学这门科学当中,在它的合理的现实主义面前黯然失色的时候,他们怎么能不大发雷霆呢!当沉湎陶醉于顾影自怜中的渴望,迫使他到处寻找自己,并且是寻找作为这一方面唯一的东西的自己时,个性在观念的领域中消失了。华而不实的人在科学之中只找到了一个普遍的东西,即理性和思想,多半是普遍的东西;科学超越了个性,超越了具有偶然性的暂时的个性;它把这些远远地抛在后面,它们在科学中已没有什么影踪了。科学是成熟和自由的王国,弱者预感到这种自由就发起抖来;他们害怕没有监护人,没有别人的吩咐自己走路;在科学之中没有人评价、赞许并褒奖他们的功勋;他们似乎觉得这是极其空虚的,头晕目眩,于是他们远远地躲开了科学。他们同科学分手之后,就开始以自己的蒙眬的感觉为根据,这种感觉尽管怎么样也无法使其明确,然而也不会造成错误。感觉是个人的东西,我有所感觉,别人没有,两者都正确;证据是不必要的,而且也是不可能的,假如果真有热爱真理的火花,那当然就不会决定把科学引导到感觉、梦想和狂想的考亭峡谷*中去了。真理的法官并不是心,而是理性。理性的法官又是谁呢?——就是它自己。这对于华而不实的人是无法克服的困难之一;因此,他们一着手研究科学就到科学之外去寻找衡量科学的尺度;那一条出名的荒谬绝伦的规则是这样的:在开始思想以前,要用某一种外界的分析来检验一下思维的工具。

　　华而不实的人第一步就提出一些质问项目和科学的最艰难的问题,为了得到保证,想先弄清什么是精神,绝对的东西……并且希望定义简短而明确,也就是说把整个科学的内容用几个警句说出来,——这本来是容易的科学呀! 如果有人想研究数学,他要求先明白地弄明白什么是微分和积分,而且要用他自己的语言来说,对于这个人你能说什么呢? 在专门科学中很少听到这样的问题:因为恐惧心使不学无术的人不敢妄动。在哲学中情况正好相反了,在这里大家都肆无忌惮!① 对象都是人所熟悉的,——理智、理性、观念及其他等等。每个人都具有巨大的理智和理性,并且有不止一个而是很多个观念。在这里我就已预料到有关哲学结论的令人可疑的传闻,即使不能猜破这些探讨者所说的绝对、精神等等所指的究竟是什么;更大胆的华而不实的人走得更远;他们提出了一些绝对不说明任何东西的问题,因为问题只包含着荒唐无稽之论而已。为了提出有道理的问题,必须对于对象有一些理解,必须具有某种预料未来的远见才成。然而当科学以宽容的态度缄默不语,或竭力以证明要求的无法实现来代替回答的时候,它却被指控为不能成立和玩弄诡计。

　　我提出一个问题做为例证,这是华而不实的人,以不同的方式但极常常提到的问题:"无形的、内在的怎样变成了有形的、外在的呢,而且在外在的存在之前,内在的是个什么呢?"科学之所以没有

---

　　①　来自法语的 se gêner。

回答这个问题的义务，是因为它并没有说过做为内在的和外在而存在着的这两个因素，可以分解得使一个因素可以没有另一个而具有现实性。当然，在抽象中我们使作用与原因、使力量与呈现、实体与外观分离开来。然而他们并不是要这样办，他们所要的乃是把实质、把内在的东西解放出来，——为的是要这样来看看它；他们所要的是使它具有某种客观存在，忘却内在的东西的客观存在正是外在的东西；没有外在的内在，只是不可分辨的无而已。

Nichts ist drinnen，nichts ist draussen，

Denn was innen，das ist aussen。*

(Goethe)①

总之，外在乃是显现出来的内在，而内在之所以是内在就是因为具有它的外在。没有外在的内在乃是一种不好的可能性，因为它没有显现。没有内在的外在则是不具有内容的毫无意义的形式。华而不实的人对于这种说法不满意，因为他们心里潜藏着这样的思想，认为内在之中含有一种理性所不能理解的秘密，其实内在的东西的整个实质就表现在显示出来中，——否则的话，这种神秘的秘密是为什么，为什么人而存在的呢？两个因素的无始无终的相互规定、相互联系的关系，说起来这就是真理的生命；真理就生存在吸引了全部存在物的这种永恒的变化，这种永恒的运动里面，因为这是它的呼吸，是它的收缩和扩张。而真理是活生生的，正像一切有机体生物一样，只能作为整体而存在；一把它解剖成为各个部分，其灵魂即行消逝，而剩下的乃是带有尸臭的无生命的抽

---

① （德语）无所谓内，无所谓外，因为，内就是外，外就是内（歌德）。

象。但是,有生命的运动,这种统括一切的辩证法的脉搏,受到华而不实的人们的极端反对。他们不能设想,完美的真理能转到相反的方面去而不变成荒谬。当然,站在科学之外是无法清楚地说明内在永远在不知不觉间转变为外在,因此外在的即是内在的,内在的亦即外在的这种必然性的。究竟为什么这些结论激恼了他们? 这个原由是显而易见的。各种唯理论使人习惯于解剖方法竟到了这样的地步,他们认为只有静止的、僵死的,也就是非真实东西的才是真理,他们使思想僵化而停滞在某一片面的规定里,以为在这种僵死的状态中更容易把它分析清楚。古时候,研究生理学是在解剖室里,因此,关于生命的科学那么远地落后于关于尸体的科学。每当抓住一个因素时,一种无形的力量就把它引导到相反的方面去;这是思想的第一次极其重要的震动,因为实体被引导到显现,无限被引导到有限;两者间像磁石的两极一般互不可少。然而多疑而谨慎的实验人员却想把两极割裂开来;可是没有两极就没有磁石;每当他们把解剖刀刺入,要求得到这个或那个时,——不可分割的东西被宰割,所剩下的就只有两个僵死的抽象,血液就凝结了,运动就停止了。应当知道,分立的这个或那个乃是抽象,这正如数学由面抽出线,由物体抽出面时知道,实在只有物体,至于线和面乃是一种抽象①。可是,这些不懂得理性的客观性并加

---

　　① 一般说来,数学的对象尽管大都是死的,形式的,可是与干巴巴的这个或那个是有所不同的。什么是微分? ——是无限小的量;那么,或是它具有量,这个量就是有限的,或是它没有量,它就是个零。然而莱布尼兹和牛顿做了进一步的理解,认为这是存在和不存在的共在,是从无生出有的原始运动。无限小的理论成果是众所周知的。此外,数学既不为负量,亦不为不可通分性,既不为无限大,亦不为虚根所吓倒。当然,这一切在非常狭窄的唯理论的"这个或那个"面前,是都会化为乌有的。——赫尔岑原注

以否认的人们,恰恰就在这里反而要用他们的抽象方法,来要求不合法的客观性和现实性。

在这里,可以一提已经提到过的理解科学的第三个条件,活生生的灵魂了。只有以活生生的灵魂才能理解活生生的真理;活生生的灵魂既没有如同在普罗克鲁斯特①床上把真理加以拉长的那种内部空虚的形式主义,也没有不得逾越的僵硬的思想。这些僵硬的思想组成着大量的公理和定理,当人们要走近哲学时,这些公理和定理就挡住前面的道路;依靠它们形成既成的概念和定义,天晓得这些彼此毫无联系的东西到底是以什么做根据的。知识必须是从忘却所有这些混乱而不确切的概念开始;这些概念把人引入了迷途,把未知的说成是已知的;应当让僵化的东西死灭,应当摆脱各种各样的固定不动的幽灵。活生生的灵魂对活生生的东西是起共鸣的,有一种慧眼指引着它的道路,它战战兢兢地步入了它自己的领域,接着很快就跟它熟稔了。自然,科学并不像宗教那样有森严的庙堂。看得出来,到达科学之路必须经过一片不毛之地;这曾使一些人退缩。损失显而易见,成果却一无所有;当我们上升到某种稀薄的氛围中去,上升到某种空虚的抽象世界中去时,庄严肃穆使人感到是严峻的冷酷;当你一步步愈益深入这个大气的海洋,它就变得骇人的宽阔,呼吸困难而郁闷,崖岸渐远而消失,——随着崖岸的消失,与心长年为伴的梦想所产生的形象,也都消失了;恐惧笼罩着心灵,Lasciate ogni speranza voi ch'entrate!② 在哪儿

---

① 古希腊神话:普罗克鲁斯特是一个强盗,每逢捕到人就把人摆在一张床铺上,比床铺长的就把人截短,比床铺短的就把人拉长。——译者注

② (意大利语)请放弃一切希望吧,到这儿来的您!

抛锚呢？一切都变得稀薄，失掉硬度，升腾起来了。可是不久就听到一个响亮的声音，这声音像朱里·恺撒那样说："怕什么？你载送的是我！"* 这个恺撒乃是活在人的胸中的无限精神；每当绝望准备行使它的权利的时刻，它就振作起来；精神存在于这个世界里，因为这是它的祖国，是精神曾经用音响、雕像和歌唱所向往的，并且为之受难的祖国，这就是他从狭窄的心胸奔冲出去所要去的Jenseits①；再走一步世界就开始回来了，不过他已经不再是陌生者了，科学已提供了对于它的领有权。以精神用来冲向知识的热烈幻想为基础的梦消失了；然而现实却变得很清楚，眼光看得很远，于是看到，人面狮身像和鹰面狮身怪物所严守的秘密已不存在，内在本质即将为敢作敢为的人所揭开。但是，这正是华而不实的人所最为不肯放手的梦想。他们找不到力量来以自我牺牲的精神忍受这个开端并走到怀疑和匮乏的痛苦可以被使人镇静的知识的预感所代替的转折点。他们知道，他们的可爱的幻梦和他们的一切理想不知何故都不是真理，所以感到不安，不能自圆其说，但仍旧留在不安中，并且还能够再留下去。然而，上升到现代的具有活生生的灵魂的人，在科学之外是无法得到满足的。他对于主观信念的空虚深感痛苦，挨门求教想借以平息被唤醒的精神的火热的渴望，但到处都找不到真正答案，他们被怀疑主义弄得痛苦不堪，受尽生活的欺骗，于是赤手空拳地、贫困地、孑然一身地奔向科学。

　　"难道他会卑屈地在他人权威的桎梏下俯首听命吗？"科学并不预先提出任何要求，对信仰并不提出任何原则，它又哪里预先提

---

　　①　（德语）彼岸。

得出这样的原则呢？它的原则就是它的止境，就是结论，全部运动的总结，科学所要获得的东西；这些东西的发展本身就是不容置疑的证据。假如把原则理解为开宗明义第一章，那么其中所以不可能具有科学的真理，正是由于它是开宗明义第一章，一切发展都还在后面呢。科学开始于某个平常的所在，而不开始于对自己的profession de foi① 的阐述。科学并不这样说："承认这一切，我会把我珍藏的真理给你的，你只要卑躬屈膝服从我，就能够得到它"；对于个人，它只是指导发展的内部过程，把种族所完成的东西接种在个体中，而使个体具有现代性；它本身就是自然自我深化的过程，就是宇宙充分意识自己的发展；由于科学，宇宙在经过了浸沉在直接之中的物质生活的格斗之后而意识到了自己。由于科学，对于幻象的狂热陶醉变成了亚里士多德所说的清醒的知识。然而为了确实达到清醒，三千年的劳动是完全必要的。在思维摆脱一切暂时而片面的事物，并开始理解到自己是世界意识的本质以前，人类的精神经历了多少悲痛，受了多少苦难，有多少次意气消沉，流了多少血和泪！人类必须经历过历史的辉煌宏伟的史诗之后，那么才会有一个超越他那个时代而预见到我们这个时代的伟大诗人，能提得出下面这样的问题：

Ist nicht der Kern der Natur

Menschen im Herzen?② ＊

华而不实的人在谈论的是什么外来的权威，科学中怎么会有

① （法语）宗教信仰。
② （德语）难道自然的种子
　　不在人的心灵之中吗？

权威存在的可能呢？问题是他们不把科学看做理性和自我认识的连续一贯发展，而看做是各种时代各种人物空想出来的互无联系的各种各样的经验。他们无法理解真理并不以劳动者的个性而转移，他们无法理解他们只是一些正在发展着的真理的器官，他们无论如何也无法理解真理的崇高的客观性质；他们老是以为，这是主观的臆测和狂想。科学具有其自主性及起源；自由的它并不以权威为转移；使人得到解放的它并不屈服于权威。而且事实上它在今后有权利要求这样的信任和尊敬：不让人怀着预先准备好的、怀疑主义和神秘主义的异议来对待科学，因为连它们也是凭信仰任人自愿接受的。他们怎么能够，依据什么权利，有什么根据，在科学之外就预先准备好对科学提出异议呢？这种排斥光明的僵硬的物体是从哪里来呢？在毫无成见的心灵之中，科学可以依靠于精神关于它的价值，关于在它本身中有可能发展真理所作的证明；从这一点上就会生出追求知识的勇气来，就有神圣的果断从丰收女神面上撕下帷幔，用火热的目光凝视被揭示出来的真理*，哪怕会因此付出生命和美好的希望的代价。

然而，帷幔后面引起我们希望的真理到底是什么样的呢？……究竟真的是什么样的呢？热烈地期望着真理的人们颇为悲伤，为真理流出了泪水，暗中瞥了一眼，就晕倒了，——有的人是因为恐惧，有的人是因为愤慨。好可怜的真理！好在古代人是用大理石雕塑帷幔，这种帷幔是卷不起来的；人们的眼睛没有那么敏锐，可以把真理的轮廓看清。他们追求的也许并非那种真理吧？可是究竟有几个真理呢？善良而有理性的人们知道很多真理，很多很多真理，不过有一个真理他们是追求不着的；某种视错觉把歪曲变形了的真理呈示给他们,而且各人看来又个个不同。假如把谈论科学即谈论在规律严正的机体中所揭示的真理时不断听到的责难搜集起来,那么就完全可以利用天文学上获得从不同点观测的行星的真正位置的有名的方法,即用减去对角的办法(视差理论),得出一个正确的结论。一些人说是无神论,另一些人则说是泛神论;一些人说是困难,可怕的困难;另一些人则说是空虚,简直是空洞无物。唯物主义者嘲笑科学中的幻想的唯心主义;唯心主义者则在科学的分析论中发现了狡猾隐蔽的唯物主义。虔信主义者认定现代科学比艾拉斯姆、伏尔泰、霍尔巴赫①及其同伴还要无神,并认为科学比伏尔泰主义还要有害。不信宗教的人们责难科学是正教。而主要的是大家都不满意,都要求再加上帷幔。谁害怕光明,谁害怕质朴,谁就羞于窥见赤裸裸的真理,谁就不喜欢真理的面貌,因为其中有许许多多都是现世的。大家都受了骗,可是所以受骗,乃是因为他们并不是要真理。

然而事情已经做了。事件是不会回去的;它一经开始显露,向我们显示了它那具有惊人魅力的胸像,真理是不再会为了虚伪的羞耻感而披上帷幔的;它晓得自己的赤裸中的力量、光荣和美好的②。

1842 年 4 月 25 日

---

①    Erasmus(1466—1536),尼德兰人,十六世纪的人文学者,崇尚自由思想,同情宗教改革。Voltaire(1694—1778),法国大文学家,启蒙主义者,否定宗教权威。Holbach(1723—1789),法国唯物主义者,他所著的《自然体系》是唯物主义重要文献。——译者注

②    下一篇论文将专门论述华而不实的浪漫主义者。——赫尔岑原注

# 论文二　华而不实的浪漫主义者<sup>①</sup>

让死者埋葬死者吧。<sup>*</sup>

　　有一些问题任何人也不再提到它了，这并非由于这些问题已经获得解决，而是由于人们感到厌烦了；人们没有经过商量就同意把这些问题当做不可理解的、过时了的、毫无兴趣的问题，而对它们绝口不谈。不过查看查看这些实际上并非解决了的案件的档案，有时是很有益处的，因为彻底回顾一下，我们每次都会对过去有不同的看法；我们每次都会在过去中看出新的方面，我们每次都会把新走过的道路的全部经验补充在对它的理解中。充分意识过去，我们才可以认清现在；深深地沉思往事的意义，我们才能发现未来的意义；回顾一下，向前迈进；总之，抖动抖动腐朽的尸体是有益的，那才可以知道它腐烂了多少，骸骨上又剩下多少。

　　用法庭上的语言来讲，在上诉之前已被归为结案的这类案件之中，有一个不久以前已经归档了的案件，这就是我们这个世纪的第一个二十五年期间（甚至更近一些）使心灵和智慧受到如此震动的浪漫主义和古典主义的诉讼；从坟墓里苏醒过来的这两个主义的诉讼，又一同再回到坟墓里去了，现在则很少有人谈及浪漫主义

<hr />

①　第一篇论文一般地论述了华而不实的作风；这篇之后的一篇论文则将论述科学中的专门主义，第四篇（如果有的话）我们将谈谈形式主义。——赫尔岑原注

的权利及其同古典主义的战斗了，尽管活人当中还有不少忠实信徒以及它的不可调和的敌人。

然而一开始曾经甚嚣尘上的这场战斗，能够长远地显示出它的全部美丽吗？那个舞台上出过不少天才；社会舆论曾经很活跃，很积极参加在内；现已被遗忘的"古典主义者、浪漫主义者"这两个名字，曾经含有深长的意味，——但忽然大家都对之默不做声了；战斗者们普遍感到过的兴趣消失了；观众们也看穿了双方都是为已死的人奋战；已死者是完全配受追悼和厚葬的，——他们给我们遗留下来的丰富遗产，是用血汗、辛酸、沉重的劳动换来的，——可是为他们进行搏斗则不必要。世界上再没有比为死者去搏斗这样的事更不合情理的了，因为他们争夺王位，却忘掉了并没有人可以登上王位，因为王者已经死亡。当战斗者们发现他们已经失去了同情的时候，——他们的狂热就冷却下来了。只有一些顽固的、目光短浅的人仍全副武装留在战场上，就好像今天的拿破仑信徒们，为了卫护伟大的幽灵的权利进行战争，不过那毕竟是幽灵了。

这场战斗仿佛是从阴世里出来的，以便在新世界跨入少年时代之际在场，用上两代的名义，以父亲和祖父的名义把统治权交给新世界，并看到死者在生命的世界上已经不再有地位。做为两个互相排斥的派别的浪漫主义和古典主义的确实出现，乃是过去三十余年间的智力上的奇异状况的结果。当我们这个世纪最初十五年之后，人民大众安静下来，生活沿着习惯的河床流去的时候，到那时人们才看见多少尚未为新的秩序所代替的事物的既成秩序都已消失，都已摧毁了。在革命和帝国崩溃的当儿，是无暇清醒过来的。心灵和头脑里面充满了烦闷和空虚，懊恼和悲观，受骗的希望和失望,渴望信仰和怀疑主义。这个时期的歌者——是忧郁而怀疑的拜伦,他是否定当代生活,并与之完全断绝关系的诗人,正像歌德称呼他那样,乃是一个堕落人间的天使。作为革命事件的主要舞台的法兰西经受了更大的痛苦。宗教衰落了,政治信仰消失了,一切极其对立的思潮被王朝复辟初期的折中主义横加凌辱。从现有的重负下面解脱出来,到处寻找出路的法兰西第一个以不同的眼光瞧了瞧过去。人类的回忆颇似天国的炼狱;往事在回忆之中成为已经去掉一切愚昧无知的清明思想而复苏过来。当法兰西看到改装了的中世纪的伟大幽灵,以及它的统一的信仰一致和骑士的英武高贵等蛊惑人的性质,看到从无理专横和无耻的邪恶中净化出来,从当时生活中勉强取得形式上的协调的各方面的矛盾中净化出来的幽灵,——直到此时一直轻视一切封建事物的它,便沉醉于新浪漫主义之中了。沙多布利安①,司各脱②的长篇小说,同德国以及同英国的相识——都促进了哥特观点在艺术和生活上的流行。由于它非常富有感受力和生动性,法兰西就像沉迷于古代世界里那样沉迷于哥特风之中,但并不会深入到最深处。然而,并不是所有的人都去膜拜浪漫主义,因为优秀的明智之士,从希腊和罗马的伟大著作中吸取了自己一切的养料的明智之士,路易十四、伏尔泰、百科全书派的文学的直接继承者,片面性的,固执自己主张的革命和帝国战争的参加者,都鄙视袒护被他们永远判处死刑的观念而否定他们的年青一代。在法兰西的年青一代的

---

①　F. R. Chateaubriand(1768—1848),法国作家及政治家。——译者注

②　W. Scott(1771—1832),苏格兰小说家兼诗人。——译者注

知识界当中酝酿着浪漫主义,亲如手足般地会见了当时已经登峰造极的莱茵河彼岸的浪漫主义。德意志性格中总有一种神秘主义的,热烈得做作的,爱好思辨,爱好卡巴拉①式的东西,——这是浪漫主义极好的土壤,因而它马上在德国得到了充分发展。过早地片面地解放了德意志思想界的宗教改革,把它推向一个诗人气质的而又烦琐的、唯理论的而又神秘性的方向中,严重地脱离了真理的轨道。莱布尼兹在他那个时代就看出了德意志将很难脱离这个方向,这一点我们应予补充一句的是,在莱布尼兹本人的作品中也留着这种烙印。暂时掩蔽了民族因素的反自然的拟古主义和法兰西狂的时代,没有产生重要的影响,因为这种文学在人民群众中并没有得到反响。天晓得它是替谁说话,说出来的是谁的思想。从莱辛开始的文学时代才产生比较真实、无比深刻的影响;全世界性的和成熟了的这种文学,致力于把民族的因素发展为全人类的因素;这也是海德②的、康德的、席勒的、歌德的伟大的任务。然而这个任务是在艺术和科学的园地里获得解决的,它用一道万里长城与家庭生活、社会生活跟精神生活隔绝开来。在德意志之内有一个另外的德意志,即科学家和艺术家的世界;它们互相之间没有任何真正的关系。人民并不了解自己的老师。人民多半停留在三十年战争\*之后坐下来休憩的那个地方。德意志从威斯特法里亚和约到拿破仑这段历史曾经有过这么一页,就是写下腓特烈二世功绩的一页。最后,给予它沉重打击的拿破仑引起了为德意志的启

①　中世纪犹太教中的神秘教义和仪式。——译者注
②　Herder(1744—1803),德国思想家。——译者注

蒙者们所抛却的德意志精神中的实际方面,到这时候,那种在内部已有酝酿而还沉睡着的激情抬头了,发出了一种充满狂热以及忧郁的爱国心的骇人的声音。迎合我们的性格的、披着骑士戏装的中世纪封建主义世界观统治了知识界。神秘主义又重新流行;迫害的野火在和平的德意志人的眼里闪烁,于是实际上已进行了宗教改革的世界在思想上又回到天主教的世界观中来了。最大的浪漫主义者施勒格尔①,因为他是个新教徒,所以改宗天主教,这个逻辑是可以理解的。

　　滑铁卢之役先决定了谁控制战场的问题,是古典主义的拿破仑呢,还是浪漫主义的惠灵吞和布留赫尔②。在古典主义文化和罗曼斯欧罗巴③的代表人物,法兰西人和科西嘉人的皇帝拿破仑身上,德意志人重新战胜了罗马,并重新宣告哥特观念的凯旋。浪漫主义高奏凯歌,古典主义受到驱逐:人们很想忘却跟古典主义联系在一起的记忆,而浪漫主义则发掘出人们很想记起的已被遗忘的东西。浪漫主义在喋喋不休,古典主义则默默无言,浪漫主义像堂吉诃德一样跟世界上的一切事物搏斗,而古典主义则坐在那里现出一副罗马元老院议员的庄严肃穆的面孔。然而它如同已被高卢人看做是死人的罗马元老院议员*那样并没有死亡,因为在它们的行列中曾经出现一些卓绝的人物,边沁、李文斯顿、泰纳、德坎

---

① Schlegel(1767—1845),德国浪漫主义者——译者注

② Wellington(1769—1852),英国统帅。Brücher(1742—1819),德国元帅。——译者注

③ 拉丁语 romanus,指与拉丁民族有继承关系的法兰西、意大利等西欧民族而言。——译者注

托尔、别尔采里、拉普拉斯、塞伊①。所有这些人物并不像是战败者,而且古典主义营垒中已经发出了贝朗热的快乐的歌声。被浪漫主义者所诅咒的他们,沉默了一阵之后就发出了响亮的回答,——忽而用轮船,忽而用铁路,忽而用像地球构造学、政治经济学、比较解剖学这样的新创的整套的科学部门,忽而用他们用以解除人类繁重工作的许许多多的机器。浪漫主义者以轻蔑的目光看待这些劳动,用尽所有的手段辱骂每一个实用的事业,在时代的唯物倾向中寻找可诅咒的瑕疵,并且管窥蠡测,忽略了有如北美已经获得的巨大发展的工业活动中的诗情。

在古典主义和浪漫主义进行搏斗的时候,一个使世界穿上古代的服装,另一个则把世界染上骑士的风采,这时一种强有力的主义就逐渐壮大起来;后者在前二者中间走过,前二者并没有从后者的王者风度上认出它是个统治者;它一只胳膊肘支撑在古典主义者的肩头上,另一只支撑在浪漫主义者的肩头上,从而比它们高出一头——像个"掌权者"似的;认清了这一派和另一派以后,就把这两派都摒弃了;这是一种内心思想,我们当代世界的活的普西海雅②*。它是在天主教和宗教改革的殊死战斗的雷电交加的暴风雨中诞生的,对于它来讲,是在另一场战斗的雷电交加的暴风雨中

---

① Bentham(1748—1832),英国哲学家,功利主义鼻祖。Livingston(1813—1873),苏格兰牧师,非洲探险者。Taine(1828—1893),法国哲学家和批评家。De Candolle(1778—1841),瑞士植物学者,完成自然分类法。Berzelius(1779—1848),瑞典化学家,发现有机化合物定比法则。Laplace(1749—1827),法国数学家和天文学家。Sieyès.(1748—1836),法国革命家,著有《什么是第三阶级》。——译者注

② 希腊神话中一个美少年,被爱神 Eros 所爱;这个名字的原意是心灵。——译者注

进入少年时代的,对于它,别人的衣服是不合适的;它给自己做好了一身。古典主义也好,浪漫主义也好,长时期没有疑心到这第三种权力的存在。这个和另一个主义一开始都把它当做自己的同党(比如浪漫主义就有过这样的幻想,认为 W.司各脱是不待说了,就是歌德、席勒、拜伦也在它的行列中的)。最终,古典主义也好,浪漫主义也好,都认识到在它们之间有一种远不是对它们有帮助的另一种东西;由于它们之间是不可调和的,两者它们就向这新的流派扑去。于是它们的命运就被决定了。

耽于幻想的浪漫主义开始憎恶新流派的现实主义!

用手指抚摸事物的古典主义便开始蔑视它的唯心主义了!

对古代世界的传说坚信不渝的古典主义者们,带着宽容异端的自豪和讥嘲的冷笑,瞧着那些思想家,一方面忙着进行各种实验和研究特殊对象,很少出现在舞台上。说句公道话,是不该把他们算做我们这个世纪的敌人的。这多半是一些关心于生活实际利益的人,是一些功利主义者。因为新的流派是新近才从学校中出来的,它的活动似乎是不切实际的,不能在生活中发展的,所以他们就把它当做不需要的东西加以摒弃。——浪漫主义者对封建主义同样信守不渝,他们以狂妄自大的不容异见态度,不肯离开舞台;于是就发生了一场殊死、绝望而凶狠的战斗;他们已经准备垒起火刑的薪堆,组成一个宗教裁判所,来结束这场争论;苦痛地意识到人们并不听他们的,他们那一套把戏乃是枉费心机,于是就挑起了死不悔悟的迫害本性,直到现在他们也没有安静下来。虽然如此,可是每日、每时都更清楚地证明:人类既不再要古典主义,也不再要浪漫主义了——所要的是人,现代的人,把另一些人则视为化装舞会上的宾客,并知道当他们一去吃晚餐,一摘下假面,就会在畸形而陌生的面貌下露出熟悉的亲人的面孔。虽然也有一些人,他不去吃晚饭,以免摘下假面,可是已经不再有怕看戴假面的人的孩子们了。挑起了的这场决斗,使双方都受到致命的打击,古典主义的不能成立,浪漫主义的不可能,都暴露出来了;在与它们更进一步的认识中,揭破了它们的出现是反自然的,是时代的错误,而且当代优秀的知识界仍然没有参加这场残酷的战争,尽管他们发出一片叫嚣声。不过古典主义和浪漫主义都曾经一度很富有生命力,正确而优美,必要而具有深刻的人情味。曾有一时……

"罗马教廷是有益的呢,还是有害的?"天真的拉斯卡兹①曾经这样问过拿破仑。那位下了台的皇帝的回答是:"我不知道该怎么说好,在相当的时候它是有益的而且是必要的,在另一个时候则它又是有害的。"这就是出现在时间中的一切事物的命运。古典主义和浪漫主义属于两个伟大的过去时代,无论如何努力也无法使它们复活,它们是做为在当今世界已无栖身之所的死者的幽灵而残存下来的。古典主义是属于古代世界的,这正像浪漫主义是属于中世纪一样。现在它们是不可能有专有的领域的,因为现在既丝毫不像古代也丝毫不像中世纪的世界。只要对两个世界投下最仓促的一瞥,就足以证明这一点了。

希腊—罗马世界就其主要方面说乃是现实主义的;它爱好并尊崇自然,它与自然相处得颇为协调,它认为生存就是无上的幸福;对它来讲宇宙就是真实,超乎真实范围以外的,它任什么也没

---

① Las Cases(1766—1842),法国历史家,曾随拿破仑至海伦那岛。——译者注

看见，宇宙之所以使它感到满足，也就是由于要求是有限度的。从自然出发，通过自然，古代世界达到了精神，也因此未达到唯一的精神。自然乃是万象纷纭中的理念的存在；古代所理解的统一，是必然性，是宿命，是地面和奥林普<sup>①</sup>所不可抗拒的支配世界的神秘力量；可见自然是隶属于必然规律的，规律的钥匙存在于自然之中，但不是为了自然的。希腊人的天体演化学从混沌开始谈起，渐渐发展为奥林普诸神的联盟，而在宙斯<sup>②</sup>的专制之下；他们并没有达到统一，这些共和主义者很乐意地停滞在宇宙的这种共和政治中，拟人观把神放在和人颇接近的地方。赋有高度审美感的希腊人，很好地理解了外部的表现力，外形的秘密；对于希腊人来讲，神性乃是被赋予人类美而存在着的；在人类美的里面自然被希腊人神化了，希腊人并没有越出过这种美。在这个与自然相一致的生活里面，有一种迷人的生存的魅力和轻松。人们对生活是颇为满意的。无论在哪一个时期，人的灵魂的要素也从来没有这样地在艺术上达到过平衡。精神上的继续发展必须再前进一步，不过精神上的发展也不能不有赖于肉体、身体、形式；精神上的发展是更高的，然而必须牺牲古代的优美。古代极盛时代的人们的生活，是如同自然的生活一般无忧无虑的明朗。模糊的烦恼，痛苦的反省，病态的利己主义——对于他们来讲是不存在的。他们为现实原因而痛苦，为真正损失而流泪。个体的个性消失在公民之中，而公民则是一种器官，另一种神圣的、神化的个性（城市个性）的原子。他

---

① 希腊山名，据古希腊神话，为神之所居。——译者注
② 希腊诸神中最高的神。——译者注

们战栗不安，并不是为了自己的"我"，而是为了雅典、斯巴达、罗马的"我"，这就是希腊罗马的广阔自由的世界观，在自己的范围内的合乎人情地美好的世界观。它必须向另一个世界观让步，因为它是有局限性的。古代世界把外在的与内在的等量齐观——在自然之中它是这样的，然而在真理之中却并不如此——精神是君临于形式之上的。希腊人以为他们雕塑出了人类精神世界中的一切；然而在精神世界中还有不知其数的处在沉睡状态，还没有获得发展的要求，是雕刻刀所无能为力的；他们用普遍吞噬了个体，用城市吞噬了公民，用公民吞噬了人；然而个人是具有不可剥夺的权利的，而且根据报复的规律，罗马皇帝这个个体的、偶然的个人曾经吞噬过这个城市的城市。那些尼罗，克劳第乌斯等等暴君的神化及其专制制度本身即是对于希腊世界最主要原则之一的讽刺的否定。于是，它的寿终正寝的日子和另一个世界诞生的日子来临了。然而希腊罗马生活的果实是不能也不应为人类而凋亡的。它苟延了十五个世纪的残喘为的是让日耳曼世界有个时期好壮大自己的思想，并获得应用它的能力。在这个过渡时期中，具有其伟大的真理和伟大的片面性的浪漫主义，曾经盛开过，后来又凋谢了。

浪漫主义的世界观既不应当被认为是一般的基督教的世界观，也不应当被认为是纯基督教的世界观，因为它几乎完全是天主教的附属品；在这个世界观里，像在一切天主教的世界观里一样，融合着两个根源，一个是从福音书里汲取来的。另一个是民间的、暂时性的、主要是日耳曼的。日耳曼民族的喜欢直观和神秘主义的蒙眬幻想，在接受并改造了基督教之后，漫无止境地发展了；这种幻想同时还赋予宗教以民族色彩，基督教所能给予的比起浪漫主义所能接受的又要多得多；甚至它所接受的也只是片面地接受，并且还损害了其他方面而发展的。从哥特式大教堂的尖顶下面出来而直冲云霄的精神，跟古代精神是完全对立的。浪漫主义的基础是唯灵论和超验性。对于它来讲，精神和物质不是处于和谐的发展中，而是处于斗争之中，处于不协调之中。自然是虚妄，不真实的，一切自然的事物都被否定了。人的精神实体"因为肉体投下身影而感到羞愧"①。生命觉察到自己的两重性，就开始为内部的分歧而感到苦恼，于是就用摒弃两个因素之一的方法谋求和解。一觉察到自己的无限性，自己对自然的优越性，人就想轻视自然，于是在古代曾经被遗忘了的个性就获得了无限的权利；那个世界连猜想也没猜想到的精神财富被发掘出来了。艺术的目的不再是美，而是感激。正在宴饮的诸神的轰然大笑停息了，一天天静候世界末日的到来，但它的永存曾经是古典主义世界观的一条原则。所有的一切使人们在行动上和思想上蒙上了一层某种庄严的哀愁；不过在这种哀愁之中，却具有一种模糊不定的，震撼人类最深藏的心弦的音乐般的向往与憧憬的不可战胜的魅力。浪漫主义乃是生长在十字架脚下的一朵具有魅力的玫瑰，缠绕在十字架的周围，不过它的根须却跟任何一种植物一样，乃是从大地里吸取养料的。浪漫主义不想知道这一点；对于它来讲这一点乃是它的卑微和低贱的明证，——于是它就竭力想同它的根须斩断关系。浪漫主义不住地为人间的胸襟狭窄而悲泣，但总是无法摆脱开自己的情感，摆脱开自己的心灵；它一再牺牲了自己但又要求用无尽的犒

---

① 但丁：《升入天国》。——赫尔岑原注

赏来酬报它的牺牲；浪漫主义膜拜主观性，而又诅咒主观性。于是这场属于两个貌似和解了的因素的斗争本身就给予它一种痉挛性的、极度迷人的性质。假如我们忘记了像浪漫主义强要给予我们的那个中世纪的光辉灿烂的形象的话，我们就会在其中发现一些极其可怕的矛盾，表面上是和解了，而实际上却是残酷地互相在撕咬的。笃信宗教上的赎罪，同时又相信当代世界和当代人是处于神的直接盛怒之下。认为自己的个性具有无限自由的权利，但他们同时又剥夺了所有阶层的人们的一切生活条件；他们的自我牺牲就是利己主义，他们的祈祷文就是贪婪的请求，他们的武士就是修道士，他们的高级僧侣就是军事统帅；他们所膜拜的女性则像囚徒似的被禁锢起来；自制于无过的享受，但又纵身于荒淫无耻；盲目的顺从但又无限的放任。也只不过在言论中提到过精神的问题，提到过舍弃肉体的问题，提到过蔑视整个尘世的问题而已，——情欲在任何一个时代也没有猖獗到如此狂暴的程度，而且生活也从来没有跟言论对立到如此程度，而用形式主义、诡计、自我陶醉安慰自己的良心（比如购买免罪符）。这是一个公开地、无耻地撒谎而不知羞耻的时代。世俗的权力承认教皇是上帝所任命的牧者，形式上在他面前卑躬屈膝，却用尽全部力量损害他，而不住地重申自己的顺从。教皇，上帝的奴仆的奴仆，温顺的牧者。精神上的父亲，却获得了财产和物质力量。这种生活之中有一种精神错乱的、患热病的东西。人类是不能长久停留在这种不自然的紧张状态之中的。曾经不被承认的、被否定的真实生活开始提出了自己的权利；不管人们怎样不理睬它，而心向着无垠的远方，生活的声音则是高亢的，是跟人血肉相连的，心灵和理智都对它发出了反响。很快另外一种强有力的声音跟这种声音汇合了——古典的世界复活了。从未失去罗马气质的罗曼斯各族人,以一种狂喜的心情向祖先的遗产飞奔过去。与中世纪的精神完全背道而驰的运动,开始在人类各个活动领域内宣布自己的存在。无论如何也要同过去断绝关系的意向显露出来了,因为人们想要自由地呼吸,生活。日耳曼领导了宗教改革,骄傲地在旗帜上写出"探求的权利",虽则它离实际承认这种权利还是很远的。日耳曼把自己的全部力量都用在同天主教的斗争上;但在这场斗争中并没有自觉地积极的目标。它过早地超过了罗曼斯各族人的古典主义,正因为如此,它后来反而就落后了。摒弃了天主教以后,日耳曼就把使它系结在地面上的最后一根线索解掉了。天主教的仪式把天国带引到地上,而新教的空洞的礼拜堂却只是指向天空。为了了解宗教改革对日耳曼人的重大影响,有必要回忆一下日耳曼人性喜神秘的气质。使人脱离一切现实主义的烦琐哲学神秘主义,——以几十种不同含意的对经文的真正曲解为基础的神秘主义,这里面,有一些是以骇人听闻的彻底性形成冷酷的荒谬绝伦,另一些则是狂信者的荒谬而艰涩的谵语,——这正是宗教改革之后日耳曼人所堕入的倾向。在这整个运动之中"诞生"了一个新的世界;无论什么地方都开始感觉到它的气息。人类用罗马圣彼得罗寺院来庄严宣布跟哥特式样断绝关系。布拉曼戴①和布奥纳洛底②喜爱 de la

---

① Bramante(1444—1514),意大利建筑家,圣彼得罗大教堂的创建者。——译者注
② Michelangelo Buonarroti(1475—1564),意大利雕刻家、画家,圣彼得罗大教堂建造者。——译者注

Renaissance<sup>①</sup> 不纯样式胜于喜爱矢状拱的森严样式<sup>*</sup>。这是很可以理解的。哥特派在脱离历史的美学思想上无疑是不能相比地高于文艺复兴样式、罗可可式<sup>②</sup>以及作为从哥特派向古代建筑术的真正复辟过渡的其他一些样式。不过与中世纪的天主教，与格里果利七世<sup>③</sup>、骑士阶级和封建制度的天主教密切相连的哥特派，并不能满足新发展的生活需要。新世界要求另一种肉体；它所需要的是更加明朗的形式，不仅是上进的，而且也得是有快感的，不仅具有压倒的宏伟，而且也得具有恬静的和谐。他们转向古代世界；对古代世界的艺术感到了共鸣；他们想掌握古代世界的明朗、像少年的前额一样开朗的，和谐得"像凝固的音乐一般"的建筑术。可是希腊和罗马业已过去很久，而且深深印在心底里的经验同时也说明了希腊的围柱式，罗马的圆顶圆形式建筑都不能表现新世纪的全部观念了。于是造起了"Пантеон на Парфеноне"<sup>④</sup>，那时也就有一些阅历甚浅的人避免直线条，而用壁柱、凹部和凸部破坏了古代的朴素；建筑术上的这个变革，在艺术上是后退一步，可是对人类来讲却是一步前进。整个欧罗巴都证明了它是合时的，因为所有的富有的城市都建筑了圣彼得罗式的寺院。哥特式的教堂没有竣工就扔在那儿了，为的是要建筑文艺复兴样式的教堂。一个以哥特样式而驰名的日耳曼，长期停留在对自己的建筑样式的忠

---

① （法语）文艺复兴的。

② 十八世纪路易十五时代的建筑样式。——译者注

③ Gregorius Ⅶ，罗马教皇（生约 1020，在位年代为 1073—1085）。——译者注

④ "Пантеон на Парфеноне"这是谢林论音乐的一句话；——雨果用来指圣彼得罗大教堂<sup>*</sup>。——赫尔岑原注

实上——可是它在这个时期却很少有所建树，因为深刻的创伤和
衰竭不允许它建造得很多。对这样一些普遍的事实是不必有什么
异议的；必须设法把这些理解明白；人类不至于粗鲁草率到把几个
时代都弄错的。新样式的寺院证明了中世纪及其观念的终结。哥
特样式的建筑学在圣彼得罗样式的寺院之后成了不可能的，因为
它已经成为不合时代的东西，成了时代的错误。造型艺术则同时
也获得了解放。哥特式的教堂对绘画曾提出与圣彼得罗式寺院不
同的要求。拜占庭风格表明哥特式的绘画一个本质方面。构思和
色彩的不自然，脱离大地和人间的森严的宏伟，故意轻视精美和优
雅，——这些构成了禁欲主义对尘世的美的否定；神像并不是绘
画，因为这是微弱的轮廓、暗示；意大利人的艺术气质不能长期据
守在象征派艺术范围之内，于是使它更远更远的向前发展，到列奥
十世①时代，它也从说教的艺术走进纯艺术的领域了。一些伟大、
不朽的 divini maestri② 的典型，使尘世的肉体美具有天国的美，但
他们的理想则是变相的人的理想，然而毕竟还是人的理想。拉斐
尔③的圣母乃是处女形象的神化；他的圣母并不是超自然的、抽象
的存在——乃是处女的化身。提高到最崇高的理想的绘画，开始
重新坚实地立足在地面上，不再离开。拜占庭的画法放弃了古代
世界尘世的人间美的理想。意大利绘画发展了拜占庭的画法，在
其发展的最高峰则放弃了拜占庭的风格，显然就回到古代美的那
个理想中去了；可是所完成的这一步是巨大的；在新理想的眼睛里

---

① Leo X(1475—1521)，罗马教皇。——译者注
② （意大利语）神的大师。
③ Raffaello(1483—1520)，意大利画家。——译者注

闪出不同的深度，不同的思想，与希腊雕像上张开的没有视觉的眼睛里的不同。意大利的画法使艺术回到生活中来，赋予艺术以从神的语言中发展出来的全部思想深度。——诗坛也完成了自己的革命。骑士阶级在诗篇里面失去了它的超然物外的庄严相和封土袭爵的自豪感。阿里奥斯托①笑谈他的奥尔兰朵；塞万提斯用尖刻的讽刺向世界宣告它的无能和不合时宜；波伽丘②暴露了天主教修道士的生活；拉伯雷③以法兰西的勇敢精神走得更远一些。新教世界产生了莎士比亚。莎士比亚乃是两个世界的人，他结束了艺术的浪漫主义时代，而开辟一个新的时代。他天才地揭示出人的内心生活的全部深度，全部内容、全部情欲和全部无限性。对于生活的难以触及的奥秘的大胆探求，以及对它的揭露，这些并没有形成浪漫主义，而是超越了它。浪漫主义的主要性质表现在内心对某处的憧憬，因"彼处永远不会成为此地"*，这种憧憬必然是忧悒的。它总是努力要离开心怀；它在心怀之中得不到安宁。对于莎士比亚来讲，人的心怀就是他那天才有力的妙笔写就的广阔无边的宇宙论中的宇宙全部。这时候法兰西和意大利的伪古典主义则正在滋长蔓延。巴拉第奥④在他的论建筑学的著作当中，以轻蔑的口吻评论哥特风格；对古代作家所作的苍白无力的模仿，被

---

①　Ariosto(1474—1533)，意大利诗人，*Orlando Furioso* 是他写的浪漫诗。——译者注

②　Boccaccio(1313—1375)，意大利诗人，人文主义者，代表作为《十日谈》。——译者注

③　Rabelais(1494—1553)，法兰西讽刺作家。——译者注

④　Palladio(1518—1580)，威尼斯的建筑家，著有《建筑四书》。——译者注

过高地评价为超过中世纪富有诗意和深度的歌曲和传奇。古代文化以其谦逊及其对生活和美的协调而使人感到魅惑。通过古代文化造出了新文化。在科学中①，就是在政治中，也出现了同样的精神。同时天主教和新教之争仍然在继续着。天主教革新了，在这场斗争中返老还童了，新教壮大了，变得年富力强了；可是新的世界既不仅仅属于此，亦不仅仅属于彼。在这场混战之初有一个学者，曾经拒绝加入这一方面或另一方面。他教着拉丁文学，说他不想干涉教皇和路德的战争。这个人文主义的学者就是鹿特丹的艾拉斯姆，就正是含笑写出 de libero et servo arbitrio② 之类的文章\*的那个人，那篇文章使路德气得发抖地说："如果说曾经有人伤了我的心，那就是艾拉斯姆，而不是教皇的捍卫者。"新的人文主义世界的思想，由艾拉斯姆的幸运之手开始，时而出现在古典主义世界，时而出现在浪漫主义世界；宗教改革给它带来无尽的力量，然而它一有机会就转到古典主义者方面去了。从这一点可以清楚地了解——然而人们却不了解——，对于这种新思想来讲，古典主义、浪漫主义这两个规定都不是它所固有的，不是本质的，它既非此亦非彼，或是更正确些说，它又是此又是彼，但并不是机械性的混合物，而是组成部分的特征都消失于其中的化合物，正像结果作用于实现了原因而消灭了原因，正像三段论法把前提消灭在自身之中一样。——谁没看见过有的婴

---

　　①　关于科学中的革命想在另一篇文章中专门讨论，因此这里就不再讲。这里提一提培根、笛卡儿和斯宾诺莎的名字就够了。——赫尔岑原注

　　②　（拉丁语）关于自由的和奴性的判断。

孩酷似他的父母,可是父母之间却毫无相似之处的? 这样的婴孩就是新的世纪:在这个世纪中,曾经有过,现在也有一些浪漫主义的幻想和古典主义的造型作用这两个因素;不过二者在其中并非分离的,而是不可分割地结合在它的有机体中和它的相貌之中。

浪漫主义和古典主义在新世界中找到自己的坟墓,而且不只是坟墓而且应当会找到自己的不朽。死亡的只是片面的、虚伪的、暂时的东西;可是在它们之中也有它的永恒的、全人类的真理,因为真理是不能死亡的,它作为是人类中最长的宗支而取得继承权。古典主义和浪漫主义的永恒的因素,不须采用任何强制手段就流传下来了;二者乃是人类精神在时间上发展的两个真实的、必要的因素,它们构成着两个方面、两种观点,在年龄上虽有不同,但都是相对地真实的。我们每个人都自觉或不自觉地是个古典主义者或浪漫主义者,至少曾是这个或那个。少年时代,初恋的时代,对生活无知的时代是倾向于浪漫主义的;浪漫主义在这个时期是有益的,因为它使心灵净化,高尚,从心灵中烧掉兽性和粗野的情欲;心灵受到洗涤,展翅遨游于这个光明而圣洁的梦想的海洋之中,遨游于使自己超越偶然的、暂时的、日常琐事的高度之中。天性中理智多于情感的人们,按照精神内部构成来讲乃是古典主义者;正如好冥想的、柔弱的、忧悒的而懒于思索的人们,多不是古典主义而是浪漫主义者。然而从这里到互相排斥的派别的成立,则尚有一段很大的距离。席勒和歌德提供了必须接受的当代兼有浪漫主义和古典主义的因素的伟大形象。当然,席勒较之歌德是对浪漫主义有着更多共鸣的,然而他的共鸣主要是对现代的事物,因此他晚期最成熟的一些作品乃是纯人文主义的(如果可以这样称呼的话)，而不是浪漫主义的。对于席勒说来，对于曾经翻译过拉辛、索福克尔、维吉尔①的他来讲，难道在古典主义世界中有什么格格不入的东西吗？而且对于歌德来说，难道在浪漫主义最深奥的密室之中有什么不可企及的东西吗？在两个巨人的内心之中，角斗着的相互对立的倾向，被天才之火融合在具有惊人完美的观念之中了。然而偏袒一方的人们却仍然坚持自己的看法。人类已到达了这样一个成熟的年龄，要使它信奉古典主义或浪漫主义都简直是可笑的。其实我们正是拿破仑以后出现的强大新浪漫主义学派的见证人。要说它符合规律，这种现象并不缺乏充分原因的。日耳曼科学以及日耳曼艺术的方向愈益成为普遍的，具有世界意义的。这种普遍性是以生命为代价换来的。日耳曼萎靡不振的民族精神在拿破仑时代以前并没有引起注意，但在这时日耳曼被民族情感所鼓舞而兴起了；歌德的一些具有世界意义的歌曲跟用血液燃烧起来的火焰不很能调和。爱国心在日耳曼所做出的事情在法兰西却为冷淡寡情所完成，于是他们两者双双地为浪漫主义打开了两扇门扉。令人窒息的冷漠和怀疑的感觉，以及民族自豪的热烈情感，都特别使心灵倾向于充满信仰和民族同情心的艺术。不过因为引起新浪漫主义的感情纯系暂时的，所以它的命运就很易于预见到，——要了解为什么受浪漫主义长期迷惑是不可能的，我们只须看一看十九世纪的特点就行了。

---

　　①　Racine(1639—1699)，法国悲剧作家。Sophokles(前 496—前 406)，希腊悲剧诗人。Vergilius(前 70—前 19)，罗马诗人。——译者注

其实,十九世纪独具的特点在它的初期就已经显露出来了。拿破仑的全盛时代是它的开始;迎接它的是歌德和席勒的赞歌,康德和费希特的强有力的思想。它充满了对近几十年来的事件的回忆,充满了预感和疑虑,所以不能像它的先驱者那样善于言笑。席勒在《摇篮曲》中提醒它注意它的悲苦的命运:

Das Jahrhundert ist im Sturm geschieden,

Und das neue öffnet sich mit Mord.①*

数世纪的化石大厦倾塌了;人们望着耶拿、瓦格拉姆的战场*,对过去的坚固性,对现存事物的现实性和不可动摇性觉得不可置信了。巴黎的《导报》②曾经有一天宣称日耳曼联盟已不复存在。关于这一点歌德是从一家法国报纸上得知的。曾被认为是万古长存的神庙的废墟引起了多少怀疑的想法,多少评论啊! 难道所有这些 remue-ménage③ 都有返回浪漫主义的目的吗? 不! 有思想的人们亲见到这出从一个时代传到一个时代的伟大戏剧;难怪他们要与高深而庄严的思想分道扬镳,因为这种思想的果实是长在过时了的思维的树上的。轰动欧罗巴的与拿破仑的名字相提并论的第一个名字,乃是一个伟大思想家的名字*。在几个主义的紧张格斗、浴血的纷争、疯狂的破裂的时代里,这位激动的思想家用哲学原理来倡导对立的调和;他不一脚踢开那些敌对着的东西;他在它们的斗争中理解了生活和发展的过程。他在斗争中看

---

① (德语)旧世纪在暴风雨中收场,
　　　　新世纪在屠杀中开幕。

② 法国官方的报纸名。——译者注

③ (法语)骚扰。

到了解脱战斗的最崇高的统一。包含着我们这世纪的深刻意义的这种思想，刚刚清醒过来并被一位思想家兼诗人所说出的时候，它就被一位被思辨的、辩证法的思想家*以严正、精确而又具有科学性的形式予以发挥了。1812 年 5 月，这正是许多王侯蚁集在德莱登的拿破仑周围的时候，纽伦堡某一家印刷所刊行了黑格尔的《逻辑学》；人们并没有注意它，因为所有的人正在阅读当时发行的"关于第二次波兰战争的宣言"。然而它萌芽了。在用艰涩的词句写出的，据说专门用做教材的这几个印张上，有着过去所有思想的果实，巨大而坚硬的橡树的种子。它的发展条件是不会没有的，只消加以了解并解开括弧——如数学家们所说的那样，——知识和生活之树就成长壮大，长有飒飒作响的绿叶，带有凉爽的树荫，结有富有营养的多汁的果实了。写进席勒戏剧优美形象之中的、从歌德的赞歌冲出来的东西，被理解了，被看出来了。仿佛出于一种贞洁和廉耻的情感，真理被人们用烦琐哲学的罩衫遮掩起来了，并置于科学的某种抽象气氛中；不过这件罩衫早在中世纪就穿破了，磨损了，目前则无法掩盖辉煌的真理，因为它透过一个孔隙就足以普照整个大地。优秀的人们对新科学是寄予同情的；可是大多数并不了解它，因而拟浪漫主义获得了发展，就在这个时候，把少年人和华而不实的人引诱到它的行列中去。歌德老人看见不走正道的一代颇感悲伤。他看出人们在他身上所尊重的东西并非应尊重的，所了解的也不是他所说的话。歌德像拿破仑一样，像我们整个时代一样，主要是一个现实主义者；浪漫主义者是没有了解现实事物的器官的。拜伦曾经痛骂那些虚伪的同行。可是大多数人是倾向浪漫主义的；跟我们现代生活的积极的性质及其要求如此背道而驰，中世纪趣味在装饰上、在服装上复活了。女人的衣袖、男子的发式——这一切都受到浪漫主义的影响。有如在古典主义者那里，假如悲剧中没有希腊或罗马的英雄，那么悲剧也不成为悲剧；有如古典主义者虽然喝的是布尔蕞①最好的葡萄酒，但不断赞扬的却是古罗马的葡萄酒；浪漫主义诗篇把骑士服装当做必要条件，他们的诗篇中没有一篇不流血，没有一篇没有天真的侍童和富于幻想的伯爵夫人，没有一篇没有骷髅和尸体，没有谵语和狂喜。柏拉图式的爱情接替了罗马时代的葡萄酒的地位；浪漫主义诗人们虽然有着实在的人的爱情，然而只是颂赞柏拉图式的热情。德意志和法兰西争先恐后地给予人类以浪漫主义的作品，如雨果和维尔涅尔②——佯装疯狂的诗人和佯装诗人的狂人——做为两个有力的代表人物，站在浪漫主义的布洛肯山巅*。他们两者之间出现过一些真正令人倾心的天才，如诺伐利斯③、蒂克、乌兰德等等，不过他们被一群追随者打毁了。这些肖像画家竟如此歪曲浪漫主义诗歌的特色，如此吟诵自己的愿望和自己的爱情，竟使得最优秀的浪漫主义者的作品也令人厌倦，无法朗诵了。特别引人注目的是浪漫主义主要提倡者之一却完全不是浪漫主义者，我所说的是司各脱；他的祖国生活中的实用观点就是他的观点。时代生活的再创造——并不意味着接受它的片面性。不管怎样浪漫主义是胜利了，它以为它将永世长存了。浪漫主义开始傲慢不恭地跟新科

① Bourgogne，法国省名。——译者注
② Werner(1768—1823)，德国戏剧家。——译者注
③ Novalis(1772—1801)，德国诗人兼小说家。Tieck(1773—1853)，德国诗人兼小说家、戏剧家。Uhland(1787—1862)，德国诗人兼戏剧家。——译者注

学进行协商,于是科学就常常学它的腔调;浪漫主义宽容了科学,开始创立一种浪漫主义哲学,但是永远没有能够清楚地说明究竟是怎么一回事。哲学家和浪漫主义者对完全相同的一句话,作出了不同的理解——并且老是喋喋不休。最可笑的是经过一段长时间的努力之后,双方才弄明白,他们彼此之间全不了解。时间在这种无害的工作中,在给行吟歌曲编写歌词中,在给叙事诗发掘出骑士的逸闻和纪事中,在那种柔软无力的渴望,在对不知名的少女的折磨人的爱情中,……消磨过去,而且已经消磨了许多年了,歌德死了,拜伦死了,黑格尔死了,谢林衰老了*。看起来浪漫主义该统治一切了。可是群众的可靠的直觉则作出不同的决定,群众在最近十五年间不再对浪漫主义同情,可是他们始终如同跟被包围的列奥尼达斯①共在的斯巴达人一样*,以他们为榜样,用英勇而无益的牺牲来表现自己。为什么引起了普遍的注视,为什么抛弃了他们,——这是另外一个问题,关于这个问题,我们现在不打算答复*。我们只谈事实。现时还有谁谈论、研究、知道浪漫主义者呢?那些浪漫主义者懂得了可怕的冷酷无情的滋味,变得感伤而苍白,口出怨言,骂不绝口,他们眼看着保藏他们的世界观的古堡在崩溃,眼看着新生一代在任意践踏这些废墟,而全不注意正在流眼泪的他们;他们全身战栗地倾听现代生活的欢乐的歌声,这已经不是他们的歌声了,他们咬牙切齿地望着从事研究物质改进、社会问题以及科学的忙忙碌碌的世纪。但是,可怕的是在沸腾而芬芳

---

① Leonidas,公元前 480 年死,斯巴达王。波斯远征希腊,他为保卫希腊而战死,是代表斯巴达精神的人物。——译者注

的生活之中，有时还会碰到这些诅咒着的、怀恨的，并且还不知道
自己已经死亡的行尸走肉！愿上帝叫他们安息吧；死者和生者混
在一起是不好的。

Werden sie nicht schaden，

So Werden sie schrecken.①

1842 年 5 月 9 日

---

① （德语）即使他们不危害人，
那么他们也会惊吓人的。

# 论文三　华而不实的人和
# 学者的行会

> 有这样的人 …… welche alle Töne einer Musik
> mit durchgehört haben, an deren Sinn aber das
> Eine, die Harmonie dieser Töne nicht gekommen
> ist……黑格尔这样说过。
>
> (Gesch. der Phil.)①

　　在漫长的人类生活的一切时代里,可以看出有两个对立着的
运动;一个运动的发展决定着另一个运动的发生,并且同时又造成
了一种斗争以及前者的毁灭。不论我们观察历史生活中哪一个处
所,我们都看到了这个过程,同时也看到伴随着它不断出现的轮
回*。由于某一个原因,相互间具有某种共同联系的人们力图走到
一旁,站在特殊地位上,攫取垄断权。由于另一种原因,群众力图
吞噬把他们隔绝在一边的人们,而把他们的劳动果实据为己有,把
它溶解在自身之中,消灭垄断。在每一个国家,在每一个时代,在
每一个垄断和群众相抗衡的领域里面,其表现是不同的,可是各种
行会,特殊集团不断形成,群众就不断地捣毁它,最奇怪的是,昨天
谴责行会的群众自己,今天却自己成了行会,而地位比较一般的群

<hr>

　　①　(德语)……他们听完了乐曲的全部音响,可是并没有获得整体的感觉。——即
这些音响的和谐……(哲学史)。

众明天同样又把它加以吞噬和摧毁。这种两极性乃是人类生命发展的现象之一,类似脉搏的现象,只有一点不同,人类随着脉搏的每次跳动而向前迈进一步。抽象的思想存在于行会之中,聚集其周围、信奉它的人群则是它的发展必不可少的机体;不过当它在行会中刚一达到自己的成年,对于它行会就成为是有害的;它需要呼吸,见见阳光,正像胎儿在母体生长九个月以后一样;它所需要的环境是更为广阔的;但是在思想发展初期对于自己的思想颇为有益的这特殊集团中的人们,也会丧失自己的意义,僵化,停滞,不向前进,怀着妒忌踢开新事物,很怕丢掉自己的破衣裳,想为自己把思想控制在手里。这是不可能的。思想的性质是光辉灿烂的,普照大地的;它渴望普及,它冲入所有的孔隙,从指缝间漏出去。思想的真正实现并不在特殊集团之中,而是在人类之中;它不可能局限在行会的狭隘圈子里;思想并不信守夫妇间的忠实,——它对一切人都拥抱;它只是不跟那些想私人占有它的人同居共处。当群众攫住了思想,并对它表示钟情的时候,行会就衰落了;用不着惋惜,因为它已完成了自己的使命。分裂的目的一定是统一和彼此交流。人离开故乡为的是衣锦归来;只有那些流浪汉才永远背井离乡。一切特殊集团的道路就是这样的。可以预料到人类的行会 pour la bonne bouche① 将拥有其他一切行会。这还不是很快的事情。暂时——人准备接受任何称号,不过对于人的称号还不太习惯。

现代科学已经步入这样一个成熟时期,在这个时期里为一切

① (法语)最终。

人所发现，以及献身于一切人已成为一种需要了。在讲堂和会议厅里面，它是颇感苦闷的，颇感狭窄的；它极其向往自由，它很想在一些实际生活的领域里发出实际的呼声。虽然有这种趋向，可是在它还被抓在一些学者集团中的时候，科学就仍旧停留在一个愿望上，并没有能够以活生生的因素汇入应用范围的激流之中；只有生活中的人能把科学用到生活之中。伟大的事业开始了；它的发展是很迟缓的；它在抽象的领域内完成了某些东西，这对于科学来讲，其必要性也正像摆脱开它一样。对于群众来讲，科学诞生下来不应是初生的婴儿，而应是如同雅典守护女神一般全副武装的。在它提供出自己的果实以前，它必须首先在自我之中完成、并意识到自己已完成了自己领域中应该完成的一切；它接近这点了。然而，直到现在人们还以不信任的态度来看待科学，而且这种不信任是很美丽的；确实可靠，然而又模糊不清的感觉使得他们确信，在科学当中一定得解答一些极其伟大的问题，然而他们眼前的科学家却大部分致力于烦琐的小事、无聊的辩论会和没有生命的问题，而不顾全人类的利益。他们预感到科学是全人类的共同财富，但看到它是很难接近的，它使用的是很古怪、很费解的语言。人们不顾科学，正像科学家不顾人们一样。当然错处不在科学，也不在人们，而在于两者之间。科学的光芒为了射到普通人那里，必须透过一层浓雾和沼地的水蒸气，这就使得射到那儿的光芒染上了一层颜色，变得不同于原来那样，可是人们却根据这种光芒来判别。科学解放的第一个步骤，就是要意识到障碍物，揭露假心假意的朋友，他们直到今天还认为可以用烦琐哲学的襁褓把科学包扎起来，并且认为活生生的科学要像埃及的木乃伊那样躺着。科学周围的迷雾般的氛围中充塞它的友人，但这些友人正是它的最危险的敌人。他们像雅典女神庙屋檐下的枭鸟一样生活着；他们本是奴婢或流浪汉，但冒充是主人。他们理应承受向科学投来的一切责备和非难。浅陋的华而不实作风和 ex officio① 科学家的艺匠式的专门化，乃是科学的两个堤岸拦阻这条尼罗河挟带沃土泛滥。关于华而不实作风不久以前我们曾经谈过②，不过这里把它当做与专门主义的完全对立的东西提一提，我们认为并不完全是多余之举。对立有时能比相似更好地说明问题。

华而不实作风乃是对科学的一种爱，这种爱与对科学完全缺乏了解连结在一起；由于这种爱，它分散在知识的海洋之中，而不能集中；他满足于爱，而一无所得，对什么也不放在心上，就连对相互之间的爱也是一样；这是对科学的柏拉图式的、浪漫主义的激情，这种爱情是不生育的。华而不实的人们兴高采烈地高谈阔论科学的弱点和优点，蔑视其他的语言，让俗人去讲那种话，可是他们怕问题怕得要命，一旦被逻辑所窘，他们就会背信弃义地出卖科学。华而不实的人就是只浏览绪言和卷头页的人们，就是在别人用饭时，自己围绕沙锅走来走去的人们。记得热尔诺维克曾教过英王拉提琴。国王是一个华而不实的人，就是说，爱音乐，可是并不会弹奏。有一次他问热尔诺维克，他把自己列为哪一流的提琴家。"列为第二流，"艺术家回答他说。"您还把哪些人列入了这一流？"——"有不少，国王；关于奏提琴，我一般把人分为三流：第一

———————————
① （拉丁语）职业的。
② 《祖国纪事》1843 年第一期，《论科学中华而不实的作风》。——赫尔岑原注

流最多，——这些人并不会拉提琴；第二流也是相当多数——这些人虽然不能说会拉，可是喜欢不断拉提琴；第三流可太可怜了，因为列进去的只有寥寥无几的几个懂得音乐，并有时拉提琴拉得很漂亮的人。当然陛下已经从第一流升入第二流了。"我不知道这篇答话是否使国王满意，不过对于华而不实的作风来讲倒是颇为不坏的评论，热尔诺维克并卓越地注意到正是第二流才不断地拉提琴；华而不实的人变成了病态的，由于过度的恋爱的激情而发疯了。华而不实这种作风并不新鲜。尼禄①就是音乐上华而不实的人，亨利八世②就是神学上华而不实的人。华而不实的人都具有其时代的外表。在十八世纪他们是很快活的，吵吵嚷嚷的，叫做esprit fort③；在十九世纪华而不实的人则浸沉在忧郁的、猜不透的思想里；他爱好科学，可是认识它的诡谲，他有些像神秘主义者，所以阅读斯威顿波尔格的著作④，不过也有些像怀疑主义者，因此不时翻阅拜伦的作品；而且他常常像哈姆莱特那样说："不，荷拉修，有好多事情科学家还没有弄清楚⑤，"而他自以为是知道了世界上的一切。总之，华而不实的人乃是最无害亦最无益的人；他平凡地在同各个时代的哲人谈话中度过了自己的一生，蔑视物质性的事情；他们谈了些什么，那谁又知道呢！这一点就连华而不实的人本身也并不清楚，可是在自己的暧昧态度觉得很舒服。

---

① Nero（37—68），罗马皇帝。——译者注
② Henry Ⅷ（1491—1547），英王，因撰宗教论文由教皇赠以宗教保护者的称号。——译者注
③ （法语）自由思想家。
④ Swedenborg（1688—1772），瑞典神秘主义者。——译者注
⑤ 莎士比亚《哈姆莱特》第一幕第五场。——译者注

学者(die Fachgelehrten①)的、有学位、有文凭、有自尊心的学者的特殊集团,是华而不实的人的完全对立物。这个集团的最主要的缺点就在于它是个小集团;其次一个缺点则是学者们通常迷失于其中的它的专门主义,为了说明一下学者特殊集团对科学的态度,我们可以提一提,它在中国比在任何地方都更为发达。中国被许多人认为是很隆盛的宗法制国家;也许如此;那儿的学者是无数的;自古以来学者有做官的特权——不过科学却连影子也没有……"他们有自己的科学呀!"对于这点我们并不打算争论;不过我们所谈的科学乃是属于人类的,并非属于中国的,并非属于日本及其他有科学的国家的科学。我们俄国也有人让孩子去学铁匠和木匠,说是去求学问的,那一定得认为他们也有自己的学问了。然而,对于真正的科学来讲,已经过了作为是特殊集团的学者集团为必要的年龄——在那个未成熟期科学曾经遭到否认,它的权利不被承认,它本身屈服于权威。然而那已成为过去了。譬如在中世纪,甚至一直到十七世纪,学者集团,有知识的人还受到粗暴野蛮的观念的包围,他们保管着古代神圣的遗产,对过去的回忆,以及时代的思想;他们在压制、迫害的威胁之下默默无闻地工作,——尔后,藏诸名山的著作,才可能沐于荣誉的光辉之中。在那时候,学者保存科学像保持机密一样,谈科学的时候得用群众莫解的语言,有意识地隐讳自己的思想,唯恐受到粗暴的误解。在当时依附于科学的祭司*是一种英勇行为,当时学者的头衔常常会惹起遭受火刑的杀身之祸,而并不是被选入科学院。可是被真理所鼓舞

---

① (德语)学术专家们。

起来的他们仍然勇往直前。乔尔丹诺·布鲁诺是位学者,伽利略也是位学者。当时作为一个阶层的学者是合乎时代要求的;当时大学讲堂里讨论了该世纪最伟大的问题;他们的研讨范围是广泛的,因而最先被新兴起的理智的光芒照亮的是学者,像高原的橡树,傲岸而坚强。以后,一切都改变了;谁也不再迫害科学了,社会意识已经进步到尊崇科学,进步到思慕它,而且开始公正地抗议学者的垄断了;可是嫉妒心重重的特殊集团很想把世界抓在自己手里,想用烦琐哲学的森林,用粗野不文的术语;用使人感到不快和厌烦的词句,把科学包围起来。像园丁一样把他的带刺的植物栽在苗圃四周,为的是使那些大胆的、想攀越进来的人首先就得有十次刺伤,并撕破衣服和裤子。一切都枉费心机!知识贵族的时代已经过去。不需要其他一切促进原因,印刷术的发明就足以给予掩藏知识的行为以致命的打击,而把知识给予一切爱好者。把科学抑留在行会当中最后还有一个可能,这个可能是建立在决非圈子以外的人所可接近的纯理论方面的研讨上的。然而超越了理论抽象的现代科学却有着不同的要求,它仿佛忘记了自己的尊严,很想离开自己的王座,走进生活。学者决阻挡不了它,这点是毫无疑义的。

　　我们这个时代的学者特殊集团是在宗教改革以及世界上更多的改革之后形成的。关于中世纪以及天主教世界的学术团体我们已经谈过了;这些团体是不该跟近几个世纪在日耳曼发展起来的新的学者特殊集团混为一谈的。的确,昔日的学者特殊集团使得人的才智成了它的权威的辖下驹,可是不该忘记的首先是那个年代的智力的情况,其次他们的颈项也是被沉重地套在上面的轭所擦伤的。在宗教改革所建树的一切之中都有一种未完成的缺陷；缺乏到达最后成果的英雄气魄，缺乏逻辑的英雄气概，往往一开始弄得满城风雨，后来便畏缩不前，放弃了自然的结果；往往捣毁了高楼大厦，而却珍惜着零砖碎瓦；往往既不能像笃信宗教那样尊敬存在的事物，也不敢勇敢地抛弃它。宗教改革的思想有点过早的见诸行动，因此它落伍了，被人超越而过了。在实行了宗教改革的世界中形成起来的学者特殊集团，从来就是既无力组成一个真正与世界隔绝的、坚不可摧的、熟悉本身专业范围的学术团体，也无力到群众中去开花结果。它从来就既无力依附事物的现存秩序，也无力去反对它；因此各方面都向它投以睥睨的眼色，把它看做不相干的东西；因此它本身就躲避活生生的问题，而专心致志于僵死的问题。把这个特殊集团和社会联系起来的纽带当然就变得松弛了，松弛的直接后果乃是相互缺乏理解，相互漠不关心。某诗人的预言曾经指出人文科学一词是优美的，带有预言性的；可是学术界的人文科学却并无任何人情味。这个词曾经被专门地用来指古典语言文学，这好像是一种讽刺，好像他们知道古代世界比他们更富有人情味似的。拘泥迂腐，脱离生活，烦琐的研究，这些无聊把戏的类型则是一种虚幻的劳动，看来很有意思而实质上却是徒劳无益的劳动；其次，人为的结构，无用的理论，对于实践的无知以及骄傲的自负——这些就是行会学术的枯枝败叶之树赖以生长着的几个条件。那是不能忘恩负义地否认的，学者们毕竟给科学带来了益处，但这并非因为他们极力组成特殊集团，恰恰相反，而是因为一些人的个人劳动是确实有益的。在天主教学术之后，在否定和斗争中产生的新科学要求更确实的、更实际的另一种根据；不过它并没有资料、储备、研究过的事件和观察；事实的数量很不足够。学者们在科学原野一小块土地上进行调查研究，并分散于其中；他们所得到的乃是 défricher le terrain① 的艰辛遭遇，也正是在这种构成他们最重要的功绩的劳作中，使他们丧失了远大的眼光，成了手艺匠，始终保持着他们是预言者的想法。在他们的汗水之中，在他们几代艰辛的劳动之中，滋生了真正的科学，但那些工作者，那是一贯以来常常如此的，最少享受到自己劳动的成果。

罗曼斯气质和日耳曼气质的对立，不能不反映在新形成的学者行会中。法国的学者大都成为观察家和唯物主义者，日耳曼的则大都成为烦琐哲学家和形式主义者；前者大都研究自然科学，应用部门，他们也就成为声誉显赫的数学家；后者则研究语言文学，一切不实用的科学部门，因此他们也就成为精深的神学家。前者认为科学有实际用处，后者则把科学看做是诗一般的无益之事。法兰西人中专门家很多，而特殊集团少；德意志人则恰恰相反。德国的学者很像埃及的祭司阶级，因为他们是一些特殊的人物，他们手中掌握着社会教育、社会思想、医疗、学术以及其他事业。善良的德意志人则只是吃吃喝喝，并 subir② 那些有证书而具有特权的一些人的医疗、教诲和思想。在法兰西则学者并不占据首要的地位，因此就没有像德意志学者所有的那样的影响。在法兰西他们

---

① （法语）开垦处女地。
② （法语）忍受着。

或多或少地都致力于实际的改进，这是一条走进生活的巨大途径。如果可以公正地责怪他们比德意志人更专业化的话，那么恐怕无法责怪他们无用。法兰西正是科学普及的领头人；在一世纪以前它就已经那么巧妙地把自己的观念（不论是什么观念）体现在当代人民的、通俗易懂的、充满生活气息的形式之中了！只处在抽象的范围里面法兰西人不会感到满足：它既需要客厅，也需要广场，既需要贝朗热的歌曲，也需要报章杂志，不必为他担忧，他不会长期处在特殊集团之中。日耳曼行会学者则全不如此。他们主要的、截然不同的特征——就是有一条隔绝生活的壁垒；这是一些具有自己的世界、自己的兴趣、自己的习惯的中世纪的苦行僧。神学、古代作家、希伯来语、某些手抄本的隐晦词句的解释、一些互无联系的实验、缺乏一般目的的观察——这就是他们的对象；当他们有时偶然与现实发生了关系，他们就要它服从自己的范畴，因此就引起一些可笑的畸形物。德意志的学术科学世界，乃是一个与德意志毫无瓜葛的独立王国。实际上三十年战争之后学院能够从生活中吸收的东西是很少的。这应归咎于双方面。蹉跎于对烦琐哲学的题目做长期的研究的学者们，构造使他们严重脱离其他群众的阶层。学院墙外缓慢地、寂寞地繁荣起来了的生活，无法引诱他们；世俗生活像学者生活一样地不可忍受地枯燥乏味。虽然脱离生活，学者们缅怀中世纪大学和博士在碰到最重要的问题时具有多么强烈的声音，他们就想在武断的法庭上解决一切 Scientifique[①]和艺术的争论；以普遍的研究权利为名而颠覆天主教神父特殊

---

① （法语）科学的。

集团的这些人,表露出他们想组成自己世俗神父集团的意图。既缺乏天主教教士的精力,又不像群众那样愚昧无知的他们,并未能如愿以偿。牧养群众的新的特殊集团并没有能成立;牧养群众变得更困难了;人们把学术大师们看做是跟他们平等的人,看做是一般人,甚至看做是并不了解丰富多彩的全部生活而只是在三百六十行中一个行业中餬口的一般人。科学里一张为每一个人预备着的食桌,只要人肚子饿,只要人对于天上的粮食有足够强烈的要求就行。对真理的向往,对知识的向往并不排斥任何个人的生活活动;他也照样可以成为化学家、医学家、演员和商人。决不能认为只有学者才对真理具有巨大的特权;他对真理只是具有较大的权利而已。对某种专门对象进行一辈子的单调而片面的研究的人,怎么能比受到事件本身所诱惑而千百次同群众发生各种冲突的另一些人更有明确的观点和深刻的思想呢?恰恰相反,行会的学者除了自己的对象外,对什么都是不关心的。他并不需要任何活生生的问题。他很少怀疑科学的伟大的重要性,他并没有从他的特殊对象的背后认识科学,他把他的对象就视之为科学。学者在发展到极端时,在社会上是处于反刍动物的第二胃的地位;永远也得不到新鲜的食品,而是已经咀嚼过的东西,他们再去咀嚼则只是为了爱好咀嚼而已。群众在行动,在流血流汗,而科学家则是事后考究所发生的事件。诗人、艺术家在创作,群众赞赏他们的作品,——科学家们则写出注释、文法的以及各种各样的分析。这一切都有它的用处;可是他们以比我们高出一头的权利认定自己就是雅典女神的祭司、是她的情人,说得更坏一些是她的丈夫,这是不公正的。另一方面,假如我们说科学家不可能知道真理,说他们与真理是毫不相干的，那会更加可怪了。人具有向往真理的精神，无论什么人都毫不例外。并不是所有的学者都是行会的学者；许多克服了宗派性的爱好真理的学者，变成了有教养①的人，摆脱行会走向人类。不可救药的行会学者乃是绝对的无望的专家和烦琐哲学家——让-保尔曾经讽刺过这些人，他说："厨师的手艺很快就发展到煎鲇鱼的不会煎鲤鱼这种地步。"正是这些鲤鱼厨师和鲇鱼厨师组成了许许多多的学者的特殊集团，在这些集团中创造着各种各样的词典、图表和观测，以及需要长期的耐性和僵死的灵魂才能办到的一切。这些东西在群众当中是很难得到发展的；这些东西乃是学术性的片面方向的极端；他们为了自己的片面性而殉身还不够；他们还要像圆木一样在各种各样的伟大的改良的道路上，——并不是因为他们不想改良科学，而是因为他们只知道遵循他们的仪式和制度的那种改良，或者由他们搞起来的那种改良。他们就只有一个方法——解剖的方法，为了理解有机体，他们必须检验尸体*。杀死了莱布尼兹的学说，使这种学说具有宗派性的死尸相，不是这种解剖学者还有谁呢？是谁竭力用活生生的、包罗万象的黑格尔学说制造烦琐哲学的、无生命的、可怖的骷髅呢？——是柏林的教授们*。

能使个性臻于某种艺术的完善和高度人性的完善性的希腊，在它的黄金时代很少有我们所理解的那种学者的；希腊的思想家，希腊的历史学家，希腊的诗人，他们首先是个公民，生活中的人，具

---

①　当然，这里用的有教养这个词是它的真实含义，并不是像《钦差大臣》中市长太太所使用的那个意思。——赫尔岑原注

有社会意志、进行社会活动、住过军营的人;因而其科学、艺术的伟大人物苏格拉底、柏拉图、艾斯希洛斯、色诺芬及其他一些人有协调匀称、和谐优美、多方面发展。可是我们的学者呢? 在德国有多少教授在拿破仑悲剧时代还宁静地讲授他的烦琐哲学的谵语,宁静地用读荷马作品时在另一张地图上寻找奥德赛旅途那种求知的淡泊心情,到地图上查对一下奥埃尔镇*和瓦格拉姆的位置啊! 只有一个费希特,一个热情充沛、思情深刻的人,他高呼祖国在危难中,暂时丢开了书卷*。而歌德呢……请你们读一下他当时所写的信札吧! 当然,歌德不可计量地高出于流派的片面性之上! 到今天我们站在他那令人敬畏的宏大的影子面前,还带着深深的惊异,像伫立在卢克索尔方尖碑*面前那种惊异——那是另一个时代的伟大的纪念碑,不过这是过去的而不是我们的时代的伟大的纪念碑了①! 学者②与现时代竟脱离到如此地步,竟衰萎、消替到如此地步,以致必须用几乎非人的努力,才能把它作为生命的环节接进生命的链条中去。有教养的人认为人间的一切事物没有跟自己毫不相干的,他跟周围的一切事物共同呼吸;对于学者来讲则与此相反,除掉他挑选出来的对象以外,人间的一切都跟他毫不相干。他所挑选的对象就其本身来讲无论如何也是有限度的。有教

---

① 记得在不久以前德国出版的那一本小册子里谈道:"在 1832 年,在这值得注意的一年,我们的伟大文学的最后一个末裔去世的这一年。"——一点儿不错! ——赫尔岑原注

② 我认为必须再一次申明,这完全只是指行会学者,这里所说的话,只在反面意义上是正确的;真正的学者一定单纯地只是一个人,人类一定尊敬他崇敬他的。——赫尔岑原注

养的人是按照自由的动机、按照高尚的人性去思索，因而他的想法
是豁朗的、自由的；学者是按照职责、按照自己的誓言去思索，因而
他的想法中总有点手艺匠的成分，这些想法总要带一点服从于权
威的东西。学者在一个部门必须是高明的，——有教养的人则在
任何一个部门都没有权利做一个愚人。有教养的人可以通晓也可
以不通晓拉丁语，学者则必须通晓……你不要笑这句话：我在这里
也看出了特殊集团的顽固守旧的痕迹。有许多具有世界意义的伟
大诗篇、伟大创作，世代流传的不朽的歌谣；没有几个有教养的人
不知道这些，不阅读这些，不欣赏这些；假如这些作品对于行会学
者的对象无关，他们大概并不阅读这些的。《哈姆莱特》对化学家
有什么用呢？《唐·璜》对物理学家有什么用呢？ 在德意志学者中
间极常见的还有更古怪的现象，他们之中有一些人什么都阅读过，
什么都在阅读着，可是他们所理解的却只是按照自己所从事的那
个部门来加以理解；至于在一切别的部门中，他们就被庞大的知识
内容吓得目瞪口呆，常常幼稚得像个孩子似的，正像题词上所说的
那样："他们听到了全部音响，可就没有听到和谐。"行会学术的水
平完全取决于记忆和勤勉，对于一个对象的毫无用处的知识谁记
得更多，谁能够无动于衷，不激起要求非书本上的满足，而是更实
际的满足，谁能够二十年耐心坚持在关于一个对象的局部问题和
偶然问题上，这个人就更有知识。无疑地，被人们领到波切姆金公
爵那里去的、能背诵日历的那位先生是位学者——而且是自己发
明自己的科学的人。学者只是为了学者而劳动、而著述；有教养的
人则为社会、为人民大众而著述；引起巨大影响、震动人民大众的
大部分作家，如拜伦、瓦尔特·司各脱、伏尔泰、卢梭并不是学者。

假如有一个巨人冲出学术界，突入生活，他们就会像对待荡子一样，像对待叛徒一样，宣布与他断绝关系。他们不肯饶恕哥白尼的天才，他们嘲笑哥伦布，他们指责黑格尔不学无术。学者们花费惊人的劳动去著述；只有一种劳动较之更繁重，那就是阅读他们的 doctes écrits①；其实这种劳动是谁也没有着手的；学术团体、科学机构、图书馆购买他们的对开本的巨著，需用的人们有时来探问它们一下，——然而从来也没有一个人把它们从头到尾读一遍。任何一个科学机构的学者们集会，都宛若我们的号角乐队，每个乐师都终生吹奏同一个乐谱，假如这些科学机构也有乐队指挥和 ensemble② 的话（而科学也就是乐队）。他们恰如号角乐师，互相间争论不休，每个人都论证自己乐谱的优秀，为了证明这一点，他们用尽两肺的全部力气吹奏。他的脑袋里就不想一想：只有当一切音响被它们的一个统一的和声所吞没并消失在其中的时候，才能成为音乐。

学者和华而不实的人的区别是极其明显的。华而不实的人喜爱科学——然而并不从事科学；这些人消散在笼罩于科学之上的淡蓝色的太空中，它宛若大地氛围的太空一样，空无一物。对于学者来讲，科学乃是一种苦役，他们就是被征召到一块指定的土地上进行这种耕作的；他们从事着杂乱烦琐的苦役，完全无暇看一看整个田野。华而不实的人在观看的时候，则带着望远镜；因而他们所看得见的对象，至少也有月球到地球那么

---

① （法语）"学术著述"。黑格尔曾在某处说，阅读一本德国学术著作真是巨大的劳动，接着他补充了一句，说写作它也许还比较轻松些。——赫尔岑原注

② （法语）乐队。

远，——至于地球表面上的和身边的事物，他们是看不见的。学者观察是用显微镜，因而任何大一点的东西就都无法看见；为了使他们看得见，就必须让人的肉眼看不见；对于他们来讲，存在的并不是清澈的溪流——而是充满微小的爬虫的水滴。华而不实的人观赏科学正像我们观赏土星一样，保持着相当一段距离，并且只知道它发光，只知道它上面有一道光环。学者则太逼近科学殿堂，近得看不见殿堂，除了鼻子所碰到的砖以外什么也看不见。华而不实的人乃是科学领域的观光客，并像一切观光客一样，对于他们曾经到过的国家知道一般的评语，以及各种各样的胡言乱语、报纸的诋毁、交际界的谣言、宫廷的秘史。学者则是工厂里的工人，并且像一切工人一样，智力没有获得发展，但这并不妨碍他们成为本行出色的匠人，除了本行以外却毫无用处。每个华而不实的人所研究的乃是一切 scibile① 东西，而且还有无法知道的东西，即神秘主义，催眠术、人相学、顺势疗法、水疗法以及其他。相反的，学者则献身于任一种专门科学的一个章节、一个分支，而且除此之外毫无所知，而且也并不想知道。这一类工作有时也有它的用处，给真正的科学提供了事实材料。当然，从华而不实的人那里是谁也得不到什么好处的。很多人认为，学者为了科学的利益埋头于书斋之中，从事单调无聊的工作，这种自我牺牲精神，来自社会方面的伟大的嘉奖是当之无愧的。我觉得对于任何劳动的奖赏都在于劳动本身，在行动之中。然而我不打算在这方面再谈下去了，让我讲一个古老的逸事吧。

---

　　① （意大利语）可知道的。

　　有一个善良的法兰西人,以惊人的精确性用蜡做成了一个巴黎市街的模型。结束了他长年劳作之后,他就把它奉献给统一而不可分割的共和国的国民议会。大家知道,国民议会有一种严厉而奇异的脾气。起初,它缄默不发表意见,没有蜡制的市区它的事情已够多的了:它要编组军队,赡养饥饿的巴黎人,防御同盟国的侵略……最后,它好不容易有时间处理这个模型了,它的决定是:"创作了决不能认为是最后完成的作品的那位市民,宜拘禁六个月,因为他在祖国危急时做了一件无用的事情。"从某一方面来看,国民议会是对的;不过国民议会的全部不幸即在于:它看一切事物都是单从一个方面,而且不是从最好的一面来看。它没有想到这个能够几年几年地而且这几年中热衷于蜡模型的制作的人,是做不了旁的事情的。我觉得类似这样的人,既不应当给予处罚,也不应当给予奖赏。科学界的专家正处于这种状态,既不能责骂他们,也不能夸奖他们,他们的工作无疑地既不比人类一切平凡工作更坏,当然也并不更好一些。最不公平的是认为学者较比普通公民更为高尚,因为他们是科学家就使他们免除任何社会负担,而他们则乐于穿着长袍坐着,把一切操心、劳苦的事都付与别人。因为人对宝石或徽章,对贝壳或希腊文有一种偏爱,因而就使其处于特殊的地位,这是没有足够的理由的。何况被社会娇养惯了的学者已经弄到了穴居野外的野蛮状态。现在每个人都清楚了,没有一件事可以托付给学者;这是人间的永远的未成年者;只有在他的实验室和博物馆之中才是不可笑的。学者甚至连人类有别于动物的第一特征——社会性也丧失净尽,因为他见到群众就忸怩不安,就胆战心惊;他不再熟悉活生生的语言;他在危险面前发抖;他连衣服都不会穿了;他内心里总有点什么可悲的、野蛮的东西。从另一方面来看学者是果天托特人①,正像赫列斯达柯夫②从另一方面看是位将军一样。涅梅吉答③在那些想超脱人世而又没有这种权利的人们身上所留下的烙印就是这样的。可是他们却要求我们承认他们比我们优越;要求人类对他们表示某种程度的感谢,认为他们是人类的先锋! 绝对不能这样! 学者乃是掌司观念的官吏,乃是科学的官僚,科学的书吏、课长、收发员。官吏并不是贵族,学者并不能自以为站在首先被初升的观念之光所照耀的,并且首先被暴风雨所袭击的人类先进的行列中。在这个行列中也可能有学者,正如也可以有战士、有演员、也可以有妇女、有商人一样。不过他们之所以被选入并不是因为他们的学位,而是因为在他们头上可以看到圣光的迹象,他们并不属于学者的阶层,而只是属于对人类和现实生活的概念有了生动的理解的有教养的人们。这一种人视国家的文明程度而或多或少,它是充满力量的活跃的阶层,是一朵美丽的花朵,通过不同经络吸入一切难以制造的液汁,而形成一个美丽的花冠。其中现在的即将变成未来的,它将开放得鲜艳芬芳,以供当代人的玩赏;但我们要避免有所误会,——这个贵族界并非封闭的,它像塞贝城④一样,有一百座宽阔的城门,永远开放,永远召唤着人们。

---

① 西南非洲的一个民族。——译者注
② 果戈里《巡按》中的人物,一个骗子。——译者注
③ 希腊神话中的报应女神。——译者注
④ 古埃及的古都,以规模宏大、城门众多著名。——译者注

每个人都能走进大门,不过学者比其他任何人都难以通过它。学者的学位文凭妨碍了他,学位文凭是极其妨碍发展的;学位文凭证明事情已经终结,consummatum est①;它的持有者已经完成了学业,精通了科学。让－保尔在"列万那"中说道:"在小孩说谎的时候,你可以告诉他,这个行为不好,说他在撒谎,可是不要说他是撒谎的人,因为,不然的话,他慢慢地会相信他是一个撒谎的人的。"这段话很可以用在这里,因为在学位文凭于民法上具有特殊意义的时代里,人真的就会认为获得学位文凭的人是精通科学的;它的持有者则自命超凡脱俗,把没有学位文凭的人看做是无知之徒了。学位文凭宛如犹太教的割礼,它把人类分成两部分。获得文凭的年轻人,或者把它看做为学校毕业证书,证明自己已经是个成年人,——这时候文凭是既无害亦无益的;但也有人就此怀着高傲的心情认为自己与人不同,把文凭看做是 litterarum② 共和国的国籍证书,而走上它的烦琐哲学的集议场所的。学者的共和国乃是存在过的一切共和国中最坏的共和国,就连博学的弗朗齐亚博士治下的巴拉圭*也不比它更坏。进去的年轻人遇到的是世代相传、食古不化的风俗和习俗;他会被卷进无止无休而又毫无益处的争论中去;可怜的年轻人耗尽自己的精力,被拉进这特殊集团的矫揉造作的生活,慢慢就忘掉了生活的兴趣,跟群众、也跟当代生活隔绝;并开始认为烦琐哲学是人生的绝顶,习惯于用特殊集团的浮夸而艰涩的言词来谈论和写作,认为值得注意的只有发生于八百

---

① (拉丁语)完结。
② (拉丁语)学术。

年以前,在拉丁文中被否认,在希腊文中被承认的事物。不过这还不是全部,这是蜜月而已;不久,片面的排外性(如同精神病患者的idée fixe①)就把他控制住了。他专心于专业,成了一个艺匠;对他来讲,科学已失去了自己的尊严;对于仆人来讲伟人是不存在的,——于是行会学者就形成了!

然而是否有可能存在没有专业的科学呢?包罗万象的百科全书的肤浅不正是华而不实作风的缺陷吗?这当然是不可能的;不过问题就在这里。

科学乃是真理借以发展的活的组织。真理的方法只有一个,这就是真理的有机形成过程;形式和体系取决于它的概念的本质,而视其实现的条件和可能性的结合程度而发展。完善的体系是要把科学的灵魂分离和发展到使灵魂变成肉体,使肉体变成灵魂的地步。两者的统一在方法中实现。知识的总和没有在一个活生生的核心周围滋育出活生生的肉体之前,即在还没有把自己了解为肉体以前,不管是什么样的知识总和都构成不了科学。普遍性如果包括在冷冰冰的抽象领域之内而无力从门到类,从一般到个别地具体化并得到展开,假如个体化的必需性、假如向事件和行为世界的过渡并不是出于普遍性所不能克制的内在要求,那么任何出色的普遍性也都不能构成完善的、具有科学形态的知识。一切活的东西只是在作为整体的时候,在内在和外在、一般和个别共存的时候,才是活的和真实的。生命是结合了这两个因素的;生命乃是两者永远互相转化的过程。对科学的片面理解就破坏了这种不可

---

① （法语）固定观念。

分的关系,亦即扼杀了活的东西。华而不实作风和形式主义是浮在抽象的普遍性之中的;因此它们并不具有真实的知识,所具有的只是影子。由于周围是一片真空,它们很易于消散;它们为了减轻负担很想把生命从活生生的事物中抽出来;负担的确变得轻松了,因为这种抽象的结果是空无一物。而这种空无一物正是各种程度的华而不实的人称心如意的环境;他们在这里发现了一望无际的大洋,因这个可供梦幻和空想的空旷颇感到满足。但是,假如已经看清楚从有生命的组织中抽掉生命这种思想是愚蠢的,同时还维护这种思想,那么当然专门主义的过错并不轻一些。它并不想知道普遍的东西,它永远不会提高到这一点;它把琐碎的和特殊的都看做是独特的东西,并维护它们的独特,专门主义可能达到作出目录,列出一切蕴涵*,但永远不能了解它们内在的意义和它们的概念,最后,也就达不到真理,因为在真理之中一定得葬送一切特殊;这个方法颇似按照胶皮套鞋和纽扣来判断人的内在素质一样。专门主义者整个注意都移向特殊;它一步步越来越陷入窘境;特殊变得更琐碎,更细微;划分是没有止境的;偶然性的阴暗的混乱在近旁守伺着它,并把它引进不见阳光的存在的另一极端的泥潭中去,这个泥潭乃是与华而不实作风的苦海相反的专门主义者的无边苦海。普遍、思想、观念乃是一切特殊事物的本源,阿丽阿德娜①的唯一的引线,被专门主义者给失落了,为了细枝末节而把它忽略了。他们遇到了一个可怕的危机;事实、现象、变种、偶然事件

———————————

　　① 希腊神话,阿丽阿德娜是克勒特岛上米诺罗王的女儿,爱上传说英雄提秀斯,提秀斯靠她的一根引线,才能从迷宫中走出来。——译者注

从四面八方压来;他们感觉到了怕迷失于形形色色的无法缀连的
纷然杂陈的事物中的人类天生的恐惧;因为他们的态度是这样固
执,所以无法像华而不实的人那样满足于任何一般的地位,而在丧
失唯一的伟大的科学目标时还要拼命地渴求 Orientierung①,只要
能站稳就行,只要能头脑不被从四面八方撒过来的沙粒堵塞住就
行。立即能站稳的愿望导致出人为的体系和理论,导致出人为的
分类和各种各样的结构;关于这些体系和理论,他们事先就知道并
不是真理。学习这些理论是困难的,因为这些理论是违反自然的,
也正是这些形成了一座不可逾越的堡垒,狡猾的学者则坐在堡垒
的后面。这些理论乃是科学上的赘瘤,眼翳;必须立即把这些切
除,以便打开视野;然而这些东西却成为学者的骄傲和荣誉。最近
一个时期没有一个著名的医学家、物理学家、化学家:如布鲁赛和
盖-留塞克,泰纳尔和拉斯拜尔②以及 tutti quanti③ 不臆造自己的
理论的。不过学者愈诚挚,他自己就愈不能够满足于类似的理论;
他刚采用某种理论以便把各种事实统括起来,他就会碰到显然无
法适用的事实。要使之适应,就得另辟一个部门、另定新的规划、
新的假说,然而这个新假说跟旧假说是互相抵触的,——入林愈
深,薪材越多,就愈加复杂困难了。学者必须通晓本行的一切学
说,同时又不能忘记所有这些学说都是一些无稽之谈(如同法国物

---

①　(德语)确定方位。

②　Broussais(1772—1838),法国医学家。Gay-Lussac(1778—1850),法国化学
家。Thenard(1777—1857),法国化学家。Raspail(1794—1878),法国化学家。——译
者注

③　(意大利语)所有这一类人。

理、化学一切教科书中所详述的东西那样）。由于要花时间对已往的错误做有益的研讨，他就无法腾出一点时间研究一些与本行无关的东西，也就更没有时间进入到包容作为是自己的分支的一切个别对象的真正科学的领域中去了。可是，学者并不相信科学；他们像拿破仑看待观念学家那样\*带着讽刺的微笑瞧着思想家。他们是进行实际实验，实地观察的人。但其实，无论是实际实验、无论是唯物主义都不妨碍他们大都是唯心主义者。难道人为的方法、体系、主观的学说不是唯心主义的登峰造极吗？无论人怎样认为自己只是一个事实的研究者，智力的内在的必然性总要把他引诱到思想领域，引向观念，引向一般的；专门主义者博得顽固守旧的称号，就因为他们不是走正确的上升的道路，而是徘徊于古怪的环境当中，底下是互无联系的事实，上面是互无联系的理论的幻想。他们照自己的办法向普遍上升时，却连一个特殊的东西都不肯放过，然而这个领域是不接纳任何可被蠹虫蠹蚀的东西的，因为只有世代相传永远必需的东西才被召进科学中来，并为科学所阐明。真实的世界无疑是科学的基础；不依据自然，不依据事实的科学，正是华而不实的人的虚无缥缈的科学。不过从另一方面来看，在生活中全部偶然性中采取来的 in crudo① 事实是无力反对在科学中闪烁着光芒的理性的。在生活中受到偶然性等等所侵害的自然，在科学中从偶然性和外界影响支配下解放出来，恢复了它的本来面目；在科学中，自然的逻辑必然性清楚地显现出来了；科学制服了偶然性，使生活和理想协调起来，使自然的事物重又完全清楚

_____

① （拉丁语）作为未加工的。

明白,理解了存在(das Dasein)的缺陷,并像掌权的人那样把它加以纠正,可以说,自然渴望自己从偶然的存在中解放出来,在科学中理性完成了这一点。远离事实的形而上学的学者们,必须从其天空上降落到物理学(指这个词的广义)中,也要把钻在地下的专门主义者拉出来,让他们也上升到物理学上去。在这样看待的科学之中,既没有理论上的幻想,也没有事实的偶然性,在其中,只有直观自己和自然的理性了。

把学者的科学弄得艰深费解和一团混乱的,主要是形而上学的呓语,和复杂繁多的专业,研究这些专业得耗费掉整整一生,它们的烦琐哲学的外表把很多人拒之于千里之外。在真正科学中必须立即把这两者消除,剩下的就是理性的,因而也是简单明了的严整的机体了。现在科学在我们面前已经达到对它作真实意义上的理解。如果不然的话,那么我们脑海中也就不会产生这样的想法。科学的个别部门的技术部分,永远会留在专门主义者的手里,那是非常公正的,不过问题并不在这里。科学在它的最高的意义上将成为能为人们了解的东西了,也只有在这时候它才能要求对于生活方面一切事情有发言权。没有一种不可以简单明了地说出来的思想,特别在它的辩证的发展上尤其这样。波伐洛①说的很对:

Tout ce que l'on conçoit bien s'annonce clairement,

Et les mots, pour le dire, arrivent aisément②*.

---

① Boileau(1636—1711),法国诗人,批评家。——译者注。

② (法语)一切经过深思熟虑的东西,表达出来都很明晰透彻,并且不必费力就可以找到表达的语言。

现在我们可以含笑预料到学者在相当清楚地理解了当代科学时那种可笑的地位,科学的真实结论竟如此简单明了,他们将要被人当做话柄了。"怎么!我们努力搏斗并且痛苦地熬过一生,难道问题竟如此单纯吗?"目前他们多少还尊重科学,是因为必须具备一定的能力才能理解它的单纯,必须具有一些技能,才能发现烦琐哲学语句下面的明了易懂的真理,然而他们连猜也没猜到真理的简单性。可是,如果真正的科学果真如此简单,那么像黑格尔这样一些科学最高代表人物,为什么也用很艰涩的语言来谈论问题呢?尽管黑格尔的天才是非常巨大而有力,可是他毕竟也是一个人;在用迂回曲折的语言发表意见的时代里,他怕把话简单明了地说出来,因为他不敢前进到自己的原理的最后结果;对于不惜一切地、彻底地接受全部真理,他还缺少英雄的气概。一些极其伟大的人物在从他的原理中显然会得出的结论面前裹足不前;另一些人则惊慌失措地向后倒退,不去寻求明确性,而是把自己弄模糊。黑格尔看出了有许多公认的东西需要予以摒弃;他舍不得打碎,可是另一方面,他也不能不把应该说的话说出来。黑格尔常常把原理探索出来而不敢承认原理的一切结果,他不去寻找简单明了的、自然的、当然可以得出的结论,而还要让它跟现存的事物相安无事;发展被弄得更加复杂,明确性被弄得模糊不清。附带提一句,为了跟德国的学者们谈论一生,他不得不养成用学派的语言谈论的坏习惯。可是,他那杰出的天才就在这里也显示出其全部硕大无朋的宏伟。在混乱的长句子中间会突然出现一个词像闪电一般照亮了四周无边无垠的广袤的空间,这一个词的雷鸣的声音,使得你们的心灵好久还在战抖,对他的言论佩服得五体投地。我们对于这位大思想家是无可责难的！无论谁也不能超越时代到完全摆脱开它，假如说现在这一代人开始谈得更简单一些，并敢于用他的手去掀开伊西达①最后一层帘幕，那么这正是因为他把黑格尔的观点向前发展了一步，战胜了它。现时的人们是站在山巅上的，一下子就把辽阔的风景饱览无余了，但对于开辟登山之路人，这片景色却是慢慢地逐渐展现的。当黑格尔第一个登临的时候，风景的宽阔使他颇为悸动；他开始寻找自己的那个山头，那个山头在山巅上已望不见了；他大惊失色了，因为那个山头跟他的全部经历，跟全部回忆，跟他经受过的全部遭遇联系得太紧密了；他很想把它保存下来。从天才的思想家的强有力的肩膀上很容易就攀登上去的年青一代，既没有登山的那种热爱，也没有钦敬的心情，对他来讲，山已经是过时的东西了。

当年青一代成年的时候，当他们习惯于在高峰环顾四周，自己感到已在那里安家落户，不再为广袤无边的风景和自己的自由而感到惊诧的时候（一句话，跟高峰的顶巅稔熟了的时候），它的真理，它的科学才会表达得简单明白，才能为任何人所了解。将来一定是这样的！

1842 年 11 月

------

① 古埃及的丰收女神。——译者注

# 论文四　科学中的佛教

　　——毁弃自己的灵魂的人将找到灵魂。

　　——信心若没有行为就是死的。<sup>*</sup>

　　前面我们讲过,科学宣告思维领域中的普遍和解,接着,曾经渴求和解的人则分裂为两种:一种对它不假考虑而拒绝与科学和解,另一种则是做皮相的、字面上的接受;不言而喻,过去有过,现在也有真正理解科学的人,——他们组成了科学的马其顿枪兵密集方阵<sup>*</sup>,关于这一点在这几篇论文中我们并不曾打算谈论。后来我们试瞧了一下不可和解的人,于是发觉,多半是不健全的视觉使他们不去观看应当观看的地方,不看见实际发生的事物,不去了解别人所说的话;个人视觉器官上的缺陷,被他们带到听见的事物上去了。眼睛的病症并不一定说明眼力的薄弱;有时也有一种背离它本来的功能的不寻常的力量跟它结合在一起。现在我们谈一谈和解了的人们。其中有一些人是不可靠的,一听见枪声就会放下武器,以接近绝望的舍己精神,以令人起疑的毫不反抗的精神,来接受一切条件。我们曾称他们为科学中的伊斯兰教徒,但现在不能再用这个令人联想到哈里法特和阿尔罕波里<sup>*</sup>的彩色斑斓、色调鲜明的绘画的名称称呼他们了,称呼他们没有比为科学中的佛教徒这个名称更恰当了<sup>①</sup>。

---

　　① 佛教徒把存在视为真正的恶。因为一切存在的事物都是幻影。对他们来讲,最高的存在乃是无限广阔的空虚。他们一步一步到达了不存在的最高的无限的极乐世界,在这里找到了充分的自由(科拉普洛特)。这是多么相似呀!——赫尔岑原注

让我们在表达我们对这些人的想法时,竭力做到尽可能的清楚明白,并不追求词藻,而是用日常谈话的简单语言来谈。

科学不仅宣布和解,而且履行了自己的诺言;在它的领域里面它确实获得了和解。它是以永恒的媒介者的形态出现的,即用意识、思想消除对立面,通过揭示它们之间的一致使它们和解,使它们自己认识到它们本身是冲突着的原则的真理而在自身之中获得和解。假如责成科学完成其领域以外的什么,则这个要求是不合情理的。科学的领域乃是普遍的东西、思想、作为自我认识的精神的理性,在这个领域内科学已经完成其使命的主要部分,其他部分则是可以保证实现的。科学曾经理解、意识并发展了作为摆在面前的现实的理性的真理;它把世界的思想从世界的事件中解放出来,把一切本质的东西从偶然性中解放出来,它融化了坚硬而静止的东西,使暧昧的东西变成透明的,把光明带到黑暗中来,在暂时之中揭示出永恒,在有限之中揭示出无限,确认两者必然的共在;最终它毁掉了使绝对的东西,真理与人类隔绝开来的万里长城,并在其废墟上树起了理性的自主权的旗帜。科学使人立足于感性可靠的简单事件之上,使他开始进行个人思考,从而在他身上发展种族的观念、摆脱个性的普遍理性。科学一开始就要求把个性作为牺牲品,把心灵作为供品,——这是它的 conditio sine qua ncn①。不管这是多么可怕,科学是正当的,因为在科学那里只有一个普遍的、思想的领域。理性是不知道这种个性的;它知道的只是个性的必然;理性极其光明正大,不偏不倚。坚信科学的人必须牺牲自己

---

①　(拉丁语)必须的条件。

的个性,必须懂得个性并非真实的而是偶然的,从而从个人的信念中把它抛掉,而走进科学的殿堂。这个考验对于一些人是过分的艰巨,对于另一些人则又过分的轻松。我们看到,对于华而不实的人来讲,科学是不可企及的,因为他们与科学之间有个性隔在中间;他们用战抖的双手抓住它,不肯接近科学的激流,唯恐浪涛的迅速运动会冲走并淹死他们;即便走近,他们那种明哲保身的顾虑也使得他们一无所见。对这种人来讲,科学不会展示开来的,因为他们并不向它作自我展示。科学要求一切人不是别有用心地而是心甘情愿地献出一切,去领受沉甸甸的清醒知识十字勋章。对任何人都不肯推心置腹的人乃是一个可怜虫;哪一门科学都把他拒之于大门之外;他不可能成为一个深信的宗教家,也就不可能成为一个真诚的艺术家,也就不可能成为一个刚毅果敢的公民;他不会得到朋友的深挚的情谊,也不会遇到火热的互相倾慕的目光。爱情和友谊都是互相响应的回声,它们给予多少,取得也是多少。与精神世界的这些吝啬鬼和利己主义者相反,也有一种败家子和浪费者,他们无论是对自己,无论是对自己的财产都是毫不爱惜的;他们欣然地在普遍中消灭自己,听人一说就可以像脱掉脏衬衣一样丢掉了自己的信念和自己的个性。可是他们追求的新娘是刚强的;她之所以不肯占有这样一些人的心灵,是因为他们轻率地就把心灵交出去了,并且不要求回答,——反而以躲开她感到满意。她是正确的,他们随便舍弃的个性也是好东西!那么究竟应当怎么办呢?既要把自己的个性毁掉,同时又要保持自己的个性,——这真是新的卡巴拉的神秘把戏!

在科学之中个性是消亡了;可是,个性在普遍领域中的使命之外就没有其他使命了吗？如果这个使命是个性的，那么正因为科学概括了个性而使个性消解了，科学并不能吞噬掉这个使命的。个性在科学中消亡的过程就是从直接天然的个性到自觉的、自由理性的个性的形成过程；个性的中止乃是为了再生。抛物线不是消失在抛物线方程式之中，数字不是消失在公式之中的吗？代数学乃是数学的逻辑学；它的算法就是普遍规律、结论，就是在同类、永恒、毫无个性的形态之中的运动本身。然而抛物线只是消隐于方程式之中，并未消灭于其中，数字对公式亦然。为了得出真正的实在的结果得把字母变成数字，使公式获得活的生命，进入它所从出的、在其中运动着的、因得到实际结果而终止的事件的世界，一方面又并不消灭公式。计算执行了它的实用任务之后，仍然是静止的东西支配着普遍的东西的领域。只要我们不忘记思辨科学不仅仅是形式的科学，不忘记它的公式完全一致于它的内容本身，从形式科学作出的例子总是可以帮助理解的。总之，在科学中获得解决的个性，并不是一去不复返的消亡；它所以必须经历这一场死亡，为的是证明其不可能。个性之所以必须作出自我否定，为的是制造出真理的容器，自我忘却为的是不致使自己妨碍真理，而可以接纳真理和它的一切结论，其中也包括揭示其确实不移的恢复自存的权利。在天然的直接性上死亡正意味着在精神方面的再生，然而并不像佛教徒寂灭于无限的虚空之中。这种自我征服在有斗争的时候是可能的，也是真实的；精神的成长正像肉体的成长一样是困难的。饱经忧患从苦中得来的东西才会变成我们的；我们不会珍视白白落到头上的东西。赌徒会把金钱一把一把地掷去。假如亚伯拉罕毫不犹豫即可杀掉以撒的话，那么还用得着去考验他吗?*旺盛而强有力的个性不经过一番战斗是不会向科学投降的;它不会白白地退让一步的;自我牺牲的要求使它切齿痛恨;可是一种不可违抗的力量使它倾向真理;随着一次一次的打击,使人渐渐觉察到跟他进行角斗的乃是一位抵敌不过的强者;他呻吟也罢,哀泣也罢,总得把自己的一切,心也好,灵魂也好,都一点一点地交出去。这有如奥德赛就要被浪涛淹没时死死地抓住岩石,在他遇救之前,用自己的鲜血染红岩石,并在上面留下自己一块块的肉一样。胜利者都是无情的,它要求一切——至于被征服者则要交出一切;不过胜利者其实并不攫取什么,因为人间的事物对它又有什么用呢?本来就应给予人,而不是向人攫取。对于永远处于抽象世界的形式主义者说来,对个性的让步是没有意义的,因此经过这种让步之后他们一无所得;他们忘掉了生命和活动;他的诗情和欲念在抽象的理解上获得满足,因而他们对于牺牲个人幸福并不感到费力、也不感到痛苦。他们可以满不在乎地杀死以撒。形式主义者把科学当做一种外在事物加以研究;他们可能在其骨架上、在其表述上通晓到某种程度,于是就认为他们自己已经接受了它的生气勃勃的灵魂。必须把整个生命都献给科学,这才可以不只形式地掌握它。折了腿的人比任何一个医生都要更充分更确切地了解折骨的痛苦。历尽精神现象的苦恼*,耗尽火热的心血、苦痛的泪水,因怀疑而消瘦,对许许多多的事物珍惜怜爱,热爱真理,并把一切都交给真理,——科学教养的抒情诗篇就是这样的。科学成了可怕的吸血鬼,成了任何符咒也驱除不掉的精灵,因为人一把它从自己的胸中呼唤出来,它就无处藏身。这里必须丢开下面这样的愉快的念头,即每天跟明智的哲学家进行一定时间的谈话,以便形成智慧和装饰回忆。可怕的问题是寸步不离的,不论这个不幸者逃到哪里,用达尼拉火热的字母*写着的这些问题总在他的面前,并且引他走向深处,用神秘的危险吸引人的深渊的魔力是无法抵抗的。蛇在坐庄家赌牌;以合乎逻辑的平常架势淡淡地开始进行的赌博,很快变成殊死的竞争;一切珍藏已久的梦想,圣洁而优美的怀想,奥林普斯和哈德①,对未来的希冀,对现在的信念,对过去的赞美——这一切都依次出现在纸牌上,接着它慢吞吞地揭开纸牌,不带笑,也不表示讥笑,也不表示同情,用冷漠的口吻再说了一遍:"完蛋了。"还用什么做赌注呢? 都输光了;只好拿自己当赌注了;赌牌的对手下好了赌注,于是从这一刹那赌博开始发生了变化。不能赌博到最后一次分牌的人,输光而走的人是可悲的,这或者是被热诚信仰的渴望所苦,而被苦痛的疑虑的重负所压倒;或者是把输认为赢,怡然自得地忍受着自己的失败;前者乃是一条导向精神自杀的途径,后者乃是导向无灵魂的无神论的途径。具有用自己做赌注这种毅力的个性,是无条件献身于科学的;但科学已不能吸取这样的个性,而且它本身也不能消失于过于广阔自由的普遍之中。毁弃自己的灵魂的人将找到灵魂。谁因为追求科学而这样受苦,谁就将不仅获得作为是真理的骷髅的科学,并且将获得作为是在活生生的组织中展现出来的活生生的真理的科学;它在科学中安身,对于自己的自由也好,对科学的光明也好,都不再感到惊异,不过跟科学和解它还感到不够;恬静的直观和幻影的幸福它还不满足;它想望生活中的充分的喜怒哀乐;它想行动,因为只有

---

① 希腊神话中的天堂和地狱。——译者注

行动才可以使人得到十分的满足。行动即个性本身。当但丁登入既无号泣亦无叹息的光明乐土的时候;当他看到天堂无形体的居民的时候,他开始为他的肉体所投射出来的身影而感到羞耻。来自尘俗世界的他,在这个光明的天上的乐土之中没有一个伙伴,于是他拄着他那无家可归的流亡者的藜杖,再次回到我们的谿谷中来;不过他现在已经不再迷失路途了,不再由于劳顿和疲惫而颓然倒在中途了。他已经历过一段成长过程,他已经历过一段苦难历程;他漫游过生活,经历过地狱的痛苦;哀号和呻吟使他失掉了知觉,于是张开了昏花而惊异的眼睛,恳求一点点的慰藉,可是并没有慰藉,而又是一片呻吟声,e nuovi tormenti, e nuovi torment-ati①\*。可是他一直走到留泽菲尔②那里,然后他才经由光明的净罪所上升到无形体生命的永世极乐的境界。他是得悉了有这样一个世界,人生活在这个世界里是摆脱尘世而幸福的,——然后又回到生活中来,背起了生活的十字架的。

科学中的佛教徒用或此或彼的方法上升到普遍的境界中来之后,就不从中走出去了。你用什么方法也无法把他们诱引到现实的和生活的世界中来。谁能叫他们把在其中无所事事、却尊荣地生活着那幢阔绰的庙宇换掉——搬到我们这个具有七情六欲的生活中来呢?在这里是必须工作的,有时还要遭受灭亡呢。一切具有比水重的比重的物体沉没了;木片和稻草则架子十足地漂浮在表面上。形式主义者们在科学中找到了和解,然而这个和解是虚

---

① （意大利语）又是新的苦难,又是新的受难者。
② 魔鬼撒旦的另一个名字。——译者注

伪的;他们所作出的和解比科学所能够作到的和解要多得多;他们并不了解科学中的和解是如何完成的;他们目光短浅,欲望很低,看见光和丰富的快感就惊倒了。他们爱科学跟华而不实的人不爱科学一样毫无根据。他们以为了解和解就足够了,用行动去促其实现是不必要的。超脱世界并用否定的观点去观察世界的他们,并不想重新走进世界中去;他们认为知道金鸡纳霜能治疟疾就可以把病治好;他们没想到对人来讲科学乃是一个阶段,生活在这个阶段的两个方面都有,一个方面是天然而直接的生活,向它进行着;另一方面是自觉而自由的生活,从科学那里出发的。他们并不知道科学是心脏,黑色的静脉血流入心脏并不是为了滞留在那里,而是为了同空气中像火一样的原素混合起来,变为鲜红的动脉血而流遍全身的。形式主义者认为他们已经抵达埠头了,而其实却是应当离岸;他们弄清究竟是怎么回事后袖起手来,其实正是彻底性迫使他们放手去干的时候。对于他们来讲知识是需要生活作代价的,此外他们就不再需要生活了,因为他们认为科学是以自己为目标的,从而把科学想象为人的唯一的目标。科学的和解是为了在实践领域中达到和解而重新开始的斗争;科学的和解是在思维之中,可是"人不只是思维的,而且也是行动的生物"①。科学的和解是普遍的、消极的,因此它是不需要个性的,积极的和解只能发生在自由的、理性的、自觉的行为之中。在需要个性作为目击者而活动的那些领域之中,——譬如在宗教中——不仅要使个人上升,

------

① 歌德曾经这样说过;黑格尔在《入门》(18 卷 63 页)中说:"语言还不是行为,行为是高于言词的。"德国人是显然懂得这句话的。——赫尔岑原注

并且还要下降到人那里,保留着个人;在宗教之中信仰被认为是无为的死寂的东西,爱被看得高于一切。抽象的思想乃是对一切暂时事物宣布死刑判词的连续不断的声音,乃是为了永恒和不朽而作出的不合法的、古老的判决;因此科学时时刻刻都拒绝把存在的事物想象为不可动摇的东西。自觉的爱这种行为是创造性地自觉的。爱乃是普遍的宽恕,以永志不忘为由而宽厚地把暂时的东西抱在怀中的宽恕。然而纯粹的抽象是不可能存在的,对立的东西找到了地方,钻进自己敌人的住宅中去,并于其中得到了发展;否认科学在最初就潜藏着一种积极的东西。这种潜在的积极意义为爱所解放了,像热能一样向四面八方流去,不断地想要寻找生存条件,离开普遍否定的领域走进自由行动的领域;当科学达到最高峰的时候,它自然就超越其自己本身。在科学之中思维和存在是调和的;不过和平条件是思维制定的,完满的和平则在行动之中。两千多年以前古代世界一个极其伟大的思想家①曾经说过:"行动乃是理论和实践的活生生的统一。"在行动之中理性和心灵被实现吞噬了,而在事件世界中完成有可能性的事情了。宇宙、历史——不是永恒的行动吗?抽象理性的行动——乃是消灭个性的思维;在思维之中人是无限的,不过丧失了自己;在思想之中他是不朽的,然而他并不是他了;抽象心灵的行动是不能发展成普遍事物的私人举动;人存在于自己心中,然而是暂时的东西的。在理性的、道德上自由的,以及情欲旺盛的行动之中,人到达了自己个性的实现,使自己在事件的世界之中永恒化。人在这种行为中乃是暂时

———————————

①　亚里士多德。——赫尔岑原注

中永恒的,有限中无限的,既是族类又是自己本身①的代表,当代有生命的、有意识的器官。

我们所说的真理跟被意识到还相去甚远。现代人类最有力最伟大的代表人物把思想与行动加以分别地和片面地理解。严整的、富于感性和直观的德意志把人规定为是思维,认为科学即是目的,把道德自由只作为内在本质来理解。它对于实践行动从未具有充分发展的思想;在综合每个问题时,它便离开生活走进抽象,并以片面的解决告终。萨沃那洛拉②依靠罗曼斯各族的生活本能,成为一个政党的魁首③。德意志宗教改革者虽然在半个德意志消灭了天主教,但是并没有从神学和烦琐哲学争论的领域里走出来;在科学的以及部分艺术领域里面,法兰西历史近代史的场面又在德意志重演。日耳曼世界本身也具有其对立倾向,但同样也是抽象而片面的。英吉利秉有对生活和活动的极其伟大的理解力,不过其任何行为都是特殊的;全人类的东西在不列颠人那里都变成了民族的东西;包罗万象的问题被理解为局部问题。英吉利被海洋与人类隔绝,它因为闭塞而感到骄傲,对大陆上的兴趣不肯放开胸怀来对待,不列颠人永不放弃自己的个性,它知道自己的伟大功勋,这不可侵犯的庄严,即它用以环绕个性观念的尊严的灵

---

① 我们的滑稽家们嘲笑这一种说法;我们不必胆怯,让滑稽家去嘲笑吧,因为他们是滑稽家。嘲笑对他们来讲,乃是对不了解的补偿;由于博爱,必须给他们这样便宜的报复。——赫尔岑原注

② Savonarola(1452—1498),意大利的宗教改革家。——译者注

③ "罗曼斯各族具有比日耳曼人更严峻的气质;他们在实现其既定的目的上极其坚毅、深思熟虑而且巧妙。"《Philosophie der Geschichte(历史哲学)》422 页。第九卷。——赫尔岑原注

光。已经入睡的意大利民族和重新上台的西班牙人,在我们所谈到的活动舞台上并没有声明任何权利。只余下两个民族令人不得不加以注视。一方面是法兰西,它以最幸运的形式位处在欧洲世界之中,它立足在罗曼斯风的边缘,同时又接触到从英吉利、比利时到莱茵河流域的一些国家来的各式各样的日耳曼风;它本身是罗曼斯风又兼日耳曼风的,它的使命好像正是调和地中海沿岸各族抽象的实用性跟莱茵河沿岸各族抽象的思辨性,调和阳光普照的意大利的诗一般的愉快跟雾岛上的工业化的忙碌。迄今法兰西和德意志相互间并未充分了解;不同之点引起它们之间的紧张关系,不同之点引起它们之间的爱慕,同样事物却带不同的语言被表述着;直到最近它们才互相认识,拿破仑做了它们的介绍人,在相互拜访之后,在激情随着硝烟而平息下去了的时候,它们互相怀着尊崇的心情膜拜,相互承认。不过还没有取得真正的一致。日耳曼的科学固执地不肯横渡莱茵河;法兰西的机智越过辩证发展,从中途抓住任何一种思维,匆忙地付诸实现,法兰西究竟能否成为调和生活与科学的机关,前途尚未可卜;然而不应该错误地认为法兰西和德意志的对立是过分尖锐的,因为这种对立性往往完全是表面上的。法兰西用自己的方法所取得的结论,很接近于德意志的科学的结论,不过未能把这些结论翻译成为科学的普遍的语言,这恰如德意志不能用生活的语言复述逻辑学一样。此外德意志的科学自古以来即享用法兰西的东西的。笛卡儿不用提了,百科全书派的影响曾经颇为有力;如果没有法兰西在各个部门所作出的丰富的实践,则它就永远到达不了这个成熟期的。另一方面,把我们北方货币投入人类思想宝库这项伟大的使命也许就在这里开始

了;也许我们这些很少生活于往日的人们,就是确实地统一科学和
生活、言论和行动的代表人物。在历史出现得晚的人,得到的并不
是骨头,而是多汁液的果实。事实上,在我们性格当中就有某种把
法兰西的美质和德意志的美质结合在一起的东西。我们有法兰西
不可比拟的才能,即擅长于科学的思维,而且我们也绝对不会去过
德意志人的市侩庸俗生活的;我们总是有点 gentlemanlike①,这正
是德意志人所没有的,而且在我们的前额上有着庄严的思想的痕
迹,这正是法兰西人前额上所没有的。

不过我们不要跑到未来中去太远,还是回来吧。德意志哲学
家多少预见到,人类的目的是行动而不是科学。这种天才的预言
往往具有自我矛盾,它强制地侵入了冷静而严正的逻辑结构中。
即使是黑格尔,他对于行动的思想,也是暗示多而发挥少。这不是
他那个时代的事——乃是他所产生的时代的事。黑格尔在打开了
精神领域的时候,谈论着艺术、科学,然而忘记了跟一切历史事件
缠结在一起的实践活动。不过不能把以黑格尔为最后一人的德意
志许多思想家,同当代形式主义者等量齐观的。他们除了要求知
识之外并没有其他要求,可是这是适合时宜的;他们兢兢业业为人
类研究出科学的途径;对于他们来讲科学中的和解乃是一种奖赏;
按其历史地位来看他们有权满足于普遍的东西;他们的使命就是
向世界证明完成了的自我认识,并指出了一条通往它的途径;这即
是他们的行动。我们的情况就完全不同了;对于我们来讲,在抽象
的普遍的范围里面的生活,是不合时宜的,那是个人的兴趣。任何

———————————

① (英语)绅士风度。

一个新兴的分野都具有企图建立个独立王国和确立绝对的意义的雄心;对这个分野的坚信不疑是最重要的胜利条件,不过进一步发展下去,就逐渐地必然会转变成虚假的绝对的分野,而且这个转变的必然性具有极大正确性也可说是绝对的。黑格尔曾经极其意味深长地说道:"了解存在的事物乃是哲学的任务,因为存在的事物是理念。正如任何个性都是其时代的产物一样,哲学即是思想中的所理解的时代;要设想有一种哲学能超越其当代的世界,这是荒谬的。"①宗教改革的世界的任务是去理解,不过理解并不是意志的最后目的。哲学家们忘记了积极的活动。不幸并不在于此。实践的分野根本不取消语言;时机一到他们就提出了自己的意见。时代很快就到来了;目前人类像搭乘着火车一样奔驰着。几年就是一个世纪。艺术和科学的最伟大的代表人物歌德和黑格尔死后才十年,倾向新思潮的像谢林这样的人物,即开始提出完全与他在十九世纪初宣传科学时所提出的要求不同的要求。谢林的叛变行为,在任何情况下都是一种重要的意味深长的事件*。谢林与其说是具有辩证的直观毋宁说是具有诗人的直观,正是做为 vates②的他,对准备吞没理性活动的一切巨流的普遍的海洋感到恐惧;他向后倒退,由于不能同其原理的结论相协调,于是脱离了当代事物,同时指出了它的短处痛处。带进整个德意志的气氛中来的是关于生活和科学这样的新问题,在新闻界、文艺作品中、书籍中,这

---

① 《法哲学》,序言。着重点是原文上就有的。——赫尔岑原注(参阅《法哲学原理》中译本,商务印书馆 1961 年版,第 12 页。——译者注)

② (拉丁语)诗人。

是显明的事实。在科学中被遗忘了的个性要求自己的权利,要求因情欲而战栗的,只要创造的、自由的行动就感到满足的生活。在思维的领域内完成的否定之后,它就想要在另外一些领域进行否定,因为个性的必要性被揭示出来了。人是需要它的,而且包罗一切的科学也是承认这种权利的;它并不阻碍,它为了绝对的无个性而祝贺个性长生,祝它自由自在地生活。

是的,科学是一个无个性的王国,这个王国摆脱了情欲而颇为镇静,它长眠于高傲的自知之中,被贯穿一切的理性之光照耀着,这是观念的王国。它并不像尸体那样僵硬而冰冷,不过它像大洋似的安息在本身的运动中。在科学之中有奥林普山的诸神,而并不是人们;是浮士德朝之走去的母神*。在科学之中的是不体现为实体而体现为逻辑组织,因辩证发展的结构而不因暂时存在的史诗而显得生气勃勃的真理;科学中的规律,乃是一种从生存的波澜以反外在的和偶然的骚乱中摆脱出来的思想;在科学中响彻着天体交响乐,其每一个音响之中都包含着永恒性,因为其中具有必然性,因为暂时的东西的偶然呻吟声是不会这样深沉的。我们同意形式主义者说科学高于生活,不过这种高度乃是其片面性的明证;具体的真理是既不能高于也不能低于生活,它必须是正处于生活的中央,正像心脏正处于有机体的中央一样。由于科学高于生活,因而科学的领域是抽象的,它的完备性是不完备的*。活的完整性并不由摆脱特殊的普遍事物所组成,而是由互相吸引而又互相排斥的普遍的和特殊的事物所组成;这种完整在任何一个因素中都是不存在的,因为所有的因素都属于它;无论其他一切规定怎样具有独立性,怎样详尽无遗,它们都将被生活的火花熔化,并消失其片面性而注入于广袤的、吞没一切的激流之中……纯正的理性在科学之中替自己表白得一清二楚,同过去和现在算清了自己的账目,——不过未来就必须不只在普遍的范围之内实现。在这范围内,真正的未来是没有的;因为未来是被当做必然的逻辑结果而预知的,这种实现是太抽象性,太贫乏了;思想必须有血有肉,进入生活的市场,以暂时存在的一切豪华和美丽显示出来,缺少这种东西就没有生动、热情、诱人的行动。

　　　　Warum bin ich vergänglich, o Zeus? so fragte die Schönheit.

　　　　Macht' ich doch, sagte der Gott, nur das Vergängliche schön.

　　　　　　　　　　　　　　　　　　　　　Goethe① *

　　科学不仅意识到其自律性,而且也意识到自己是世界的规律;科学使规律转为思想,而把它作为实际的东西加以摒弃,以自己的否定来使它升华,任何实际事物都不能抵敌这种否定的锋芒。科学在确实存在的领域中进行破坏,在逻辑领域中进行建设,——它的使命就是如此。不过人的使命不只在于逻辑,而且也在于社会历史的世界,精神自由和积极行动的世界中进行建设;在这个世界里面不仅有抽象理解的能力,而且也有可称为积极的理性和创造的理性的意志;人是不能拒绝参与其周围正在实现着的人间的行

---

　　① 　(德语)"为什么我瞬息即逝,啊,上帝?"美丽这样问道。
　　　　　上帝说道:"我只把瞬息即逝的东西造成为美丽的。"
　　　　　　　　　　　　　　　　　　　　　　　　　——歌德

动；他必须在一定的地点一定的时间从事活动，——他对世界肩负的使命即在于此，这是他的 conditio sine qua non①。从科学中出来的个性，既不再属于绝对局部的生命，也不属于绝对普遍的分野；在它的里面把特殊和一般结合在普通公民的个别性之中。在科学当中获得和解的个性渴求生活中的和解，不过为此就得在一切实践范围内，以精神的意志创造地从事活动。

佛教徒的过错即在于他们感觉不到生活的这个出路——即观念的有效实现——的要求。他们把科学的和解当做全部和解，不当做行动的动机，而当做完全的、自足的满足。他们对于书本子以外的一切皆漠然置之。他们为了空洞无物的普遍性而摒弃了一切。印度的佛教徒渴望以生存作代价来博得成佛的解脱。对于他们说来，佛正是抽象的无限，无。科学给我们人征服了世界，更重大的是征服了历史，这并不是为了使人可以休息。仅能保存在自己的抽象性中的普遍性总不免在恍惚之中失去一切活动力的，——印度的无为主义就是如此。花岗岩的事件世界在遭受否定的火焰的时候是无力抵抗的，于是，就像被熔化的洪流一般泻入科学的海洋。可是，人应该横渡这个大洋，以便在另一个世界里，在乐土阿特兰基达上重新开始活动。他并不是凭着本能，也不是由于外在的推动，他不同于丧家之犬四处乱窜，并非由于预感到昏暗将临，而是由于精神上的充分自由而开始活动。在周围的一切没有跟他达成协议之前，人是不可能安心的。形式主义者满足于航行出海，颠簸海上，而不航行到任何地方，于是以不知不觉被冰块包围而告终；在他们看来，

---

① （拉丁语）必要条件。

那些冰块好像是激荡而透明的波涛,实际上却是装出一副运动的外形的凝固的冰块;活动的水流凝结得像钟乳石一样,一切都冻僵了。形式主义者本身即具有冰的性质,他们用科学的语言谈论,说出带来北极寒流的冷酷的断语,而给予科学可怕的危害;他们的言语的光辉,乃是阳光在冰上滑动着的、并不发暖的冰的光辉,水上的、僵死的光辉,它宁愿消灭也不愿接受温暖。觉察到大部分柏林的以及其他一切形式主义巨擘——新科学的学究——的缺乏爱情,听众们就为之战栗了。他们只抓住一些字母,一些词句,用这些东西来窒息一切怜悯心和一切温暖的同情心。他们一心一意、孜孜不倦地上升到对全人类事物漠不关心的地步,认为这是真理的高峰;不要完全相信他们,以为他们是无心的,——他们常常佯装如此(这是 cap-tatio benevolentiae① 的一种新方法)。他们无论何时何地总把形式上的解决误认为就是真正的解决。他们觉得个性乃是一种坏习惯,现在已到予以抛弃的时候了;他们鼓吹同当代生活的一切黑暗面和解,而把一切偶然的、日常的、衰颓的,一言以蔽之,在街上所能遇到的一切,都称为现实的,从而也就是有权利被承认的事物*;"一切现实的都是合理的",他们对这个伟大的思想正是作这样的理解;他们把一切高尚的冲动都标上一个 Schönseeligkeit② 的名称,而并不懂得他们的老师使用这个词时的本义③。如果我们在这种结果上加

---

① (拉丁语)博取好感。

② (德语)优美情操。

③ "有一个具有现实性的更完满的世界,可以经由对现实性的认识而达到,这个世界比那种绝望的意识更完全,那种意识认为,暂时的东西是丑恶的或者是有缺陷的,可是为什么要跟它和解呢,就因为它不能更好一些了。"《法哲学》——赫尔岑原注

上他们的浮夸可笑的语言,褊狭的倨傲,那么,我们就会给予那个对这些科学的小丑采取不信任态度的社会的正确看法以公平的评价了。黑格尔不论在什么地方只要有可能就谆谆告诫人们谨防形式主义①,他论证过,即使最真实的规定,如果拘泥地从字面上加以了解,也会出毛病的;最后他大骂一通——但毫无补益。他们正是拘泥于他的词句,正是把他的话作字面上的理解。他们不可能一下子就习惯于真理的永恒的运动,不可能一举就认识到任何命题的否定都对更高的命题有利,认识到只有在格斗和取消这两个命题的承续的一贯性之中才能换取活生生的真理,认识到这是真理的蛇皮,真理将一步一步更其自由、更其自由地从中蜕脱出来。他们(尽管也谈论了一些类似的话)无法习惯于在科学发展中是什么也不能永久依靠的,而只有在急速而突进的运动中得到拯救。他们紧抱住每一个局部,当做这就是真理;不论什么样的片面的定义他们都当做是事物的全部定义;他们需要的是格言警句和现成的规则;他们钻进车站(轻信得可笑)以后,每次都认为已到达了绝对的目的地,于是就坐下来休息。他们严格地拘泥原文,——因而就无法领会它。了解别人所讲的和所写的东西那还不够;应当了解眼睛里面发的是什么光,应当嗅出字里行间发出的是什么味道,必须把书本领会得能从中走出来这才能理解活生生的科学;理解就是对事先存在的同类性的揭露。科学传给有生命的人的是有生命的,传授给形式主义者的则是形式主义的。请看浮士德跟他的助手,对于浮士德来讲科学乃是一个"存在还是不存在"这样一个

①　比如在《精神现象学》的整个序言上。——赫尔岑原注

生命攸关的问题;他可能大失所望,垂头丧气,陷入错误,寻觅一切
享乐,然而他的天性深深从他的外壳中渗透出来,他的谎言也比华
格纳肤浅的毫无讹误的真理具有更多的真理。对浮士德看来是困
难的东西——对华格纳来讲则是轻而易举的。华格纳颇为惊异,
为什么简单的事物浮士德却不了解。对某些东西不了解,是需要
有很多智慧的。华格纳并不为科学受折磨,反而感到慰藉,心安理
得,在痛苦中得到愉快。他所取得的安宁是一文不值的,因为他本
来就从未费过神。他看见了一致、和谐、解决而莞尔而笑的地方,
正是浮士德看到了决裂、仇视、纷争而感到痛苦的地方。

　　每个研究者都要经过形式主义,这是形成的阶段之一;然而这
只有具有活生生的灵魂的人才可以通过,至于形式主义者则被拦
住;对于某些人来说形式主义是一个阶段,对于另一些人说来却是
目的地。譬如,自然在人之中获取完善时,在每一尝试上都要停留
一下,使永远标志着已经经过的阶段的自然种属永世长存,这个阶
段对于这一种属来讲乃是存在的最高级的唯一形式。不过自然也
好,科学也好,不达到包括在它们的概念之中的最后的结果,都不
会满足的。自然在人之中超越了自己或是说践踏了自己。科学在
今天仍然是同样的景况;它已经完成了自己的最高使命;它已经是
普照一切的太阳,事实的理性,从而也是理性的辩解的理由。然而
它并不是停滞不前,并不坐在自己的宝座上休憩;它超越了自己的
最高点,并指出离开自己步入实际生活的道路,意识到人类的全部
精神在科学之中并没有全部得到发展,即使是认识了一切也好。
科学并不会因为深入生活而丧失自己的宝座;有朝一日在这个范
围内取得了胜利——那就是永远的胜利;而且人类也不会在科学

中丧失生活的其他范域。正统派的佛教徒是更其为科学而科学了,他们宁可灭亡也要保卫住科学对生活的独裁统治。"科学就是科学,至于其唯一的方法就是抽象",这是他们的《古兰经》的诗句。他们用豪言壮语回答一切,而不是想尽办法在事实上消弭把抽象范围和实际范围隔开的鸿沟,生活和思维的矛盾,反而将它们用人为的辩证法的装饰音的轻纱掩盖起来。要把一切存在硬塞在形式主义的框框里,对于把来自存在方面的一切抗议全都置若罔闻的人们说来,是并不困难的。门外汉有时颇感惊异,有些极其奇特的现象怎么会被形式主义者用一般规律轻而易举地制服了,——惊异,——其实是感觉在这里是玩弄了一种骗人的手法,这种手法是令人惊叹的,但对于寻找忠实于事实的实事求是的答案的人们说来,乃是不愉快的。对于负有一半罪过的形式主义者,只能说他们自己首先被自己的手法所骗了予以原谅。伏尔泰讲过,有一个医生对一个有视力的人很肯定地说,说他是个瞎子,向他提出论证,说他的有视觉这一荒谬的事实,跟他的结论毫不矛盾,因此他仍然要把他看成瞎子。新型佛教徒跟德国人就是这样谈话的,直到德国人猜透是怎么一回事,尽管德国人的性情非常温和善良,问题在于,事实根本未被他们征服。他们像中国帝王一般,把自己看做是整个地球的所有者;可是除掉中国之外,他并干预不了整个地球,它是完全不属于他的。

站在科学之外的华而不实的人们,有时候能够明白过来,真正着手研究科学,至少也能够产生怀疑,觉得这样的转变可能会在他们身上发生。在这一点上形式主义者却是毫不怀疑,他们感到心满意足,心安理得,不能继续前进;他们不知道也不可能想到还有继续下去的问题。他们可悲的境遇之所以不可救药，就在于这种过分的满足；他们跟一切都和解；他们的目光所表现出来的乃是有些木然的安然态度，而并不是内心扰动；他们只须高枕无忧，洋洋自得就行，其他的一切都已完成，或者正在自己完成。他们颇感惊异：当一切都已被辩明，被认识，人类已获致了存在的绝对形式[①]，这并且已经清楚地由现代哲学乃是绝对的哲学，科学总是与时代相一致的，但只是时代的结果，也即是说是在生活中完成的，这样一个事实所证实了，人们为什么还要奔走忙碌呢。对于他们来讲这种证明是不容置疑的。你不能用事实使他们窘住——他们是蔑视事实的。您如果问他们，在这种存在的绝对形式之下，为什么曼彻斯特和北明翰的工人快要饿死，或者靠着只能使他们不致丧失劳动力的工资而苟且偷生呢？他们会说这是偶然的。您如果问他们，为什么他们把绝对的词语用在发展着的事件，跟用自己的前进运动证明自己并非绝对性的范围上呢？他们会说："在某章某节就是这样说的。"对于他们来讲，这也就是论证了，至于这些章节中的词语应怎样理解——这是不必要操心的。要想使形式主义者睁开眼睛是困难的；他们如同佛教徒那样，坚决地把在无限中寂灭看做是自由和目的，而且向冷酷的抽象境界上升得越高，脱离一切活生生的事物越远，他们就越感到安宁。利己主义者就是这样压灭人类的一切情感，使自己避开一切不愉快的、痛苦的事情而获得他们那种宁静的幸福的。然而利己主义者也好，形式主义也好，人总是

---

　　① 这不是编造，而是巴耶尔霍佛著《哲学史》中所说的（*Die ldee und Geschichte der Philosophie* von Beyerhoffer, Leipzig, 1838, 最后一章）。——赫尔岑原注

必然要降生于世的。任何人都能够不去理睬苦难的景象，然而却并不是每个人都可以中止由此而发出的呻吟。黑格尔（我们这个时代的形式主义者的一切荒诞的话都是标着他的牌号，这正如我们这个行星上的每一个地方制造花露水的都以法琳厂的商标来兜售一样）如此评论形式主义①：“现时主要的劳作并不在于清除去人身上的感性的纯朴，并且把它发展为思维的本质，而更主要的是与此相反，在于通过取消硬化、固定的思想来创造普遍的事物。不过要使固定的思想变得灵活，这比使感性的物质性变得灵活更加困难……”形式主义把抽象的普遍性看做是无条件的；它宣称，不能满足于抽象的普遍性，这就证明不能提高到无条件的观点，并保持在它的高度上形式主义以非现实的形式把全部价值都归给普遍的观念，并且认为把一切都抛弃并推入可怕的空虚深渊之中乃是一种思辨。对绝对中某种存在的事物所作的观察，归结为其中一切都是同样的，这么一来绝对就成为在其中一切母牛都是黑色的暗夜。假如说，把条件当做实体曾经使人们激怒，那么这种拒斥原因部分地在于人们本能地看到，自我认识在这个实体中只是消失，而并未保存下来，部分由于一种相反的见解，认为思维就是思维，就是普遍自身，也仍旧是无区别的、不动的实体性。其之，假如思维使实体的存在跟本身结合起来的话，把直观（das An-schauen）当做思维来加以理解的话，那么一切仍须取决于这种推理是否会陷入迟缓的千篇一律，是否会用不现实的方式表现现实。

———————————

① 《精神现象学》序言。——赫尔岑原注（按：这段引文未能确定是黑格尔原著的哪一处，现照俄文翻译。——译者注）。

黑格尔在《法哲学》一书中说道："自我认识和现实之间在绝大多数场合总有一个未解放成为概念的抽象性。"在读到这样一些地方时，你会非常惊讶地问道，为什么那些善良的人毕生研读黑格尔的著作还不能了解呢。人读的是书，可是他所理解的正是他头脑当中的东西。跟传教士学习过数学的那个中国皇帝懂得这一点，他在每次学习完毕之后都表示感谢，说他使他想起了已经忘却了的真理，这种真理他是不会不知道的，因为 par métier① 他是无所不知的上天之子。实际是这样的。人们阅读黑格尔的著作只能了解他所提醒的那些，阅读之前已经存在但并未成熟的那些。书这种东西本来就只起助产的作用，——促进分娩，使分娩顺利，至于产生什么，助产士是不负这个责任的。不过不要忘记黑格尔本人也常常犯那种认为科学是世界历史终极目的的德国病的。他在某处曾经直率地那样说过②。我们在论文三里面曾经提到过黑格尔对自己的原理常常不能首尾一致。任何人也不能超越自己的时代。科学在他的身上找到了最伟大的代表人物；他把科学引到极点，而对科学的排斥一切的威势作了有力的，可能也是并非有意的一击，因为每前进一步必然要更其深入实践范围。他个人即满足于知识，因而他并没有迈这一步。科学对于日耳曼—宗教改革的世界，正如艺术对于希腊人的祖先一样。不过艺术也好，科学也好，在其排他性上，并不能用来缓和及满足一切要求。艺术是表现，科学是理解。新的世纪要求在现实的事件世界中完成理解。黑格尔的富

---

①　（法语）按职位而论。
②　记得是在《哲学史》中*。——赫尔岑原注

有天才的本性曾经不断打破了时代精神、教养、习俗、生活方式和教授的称号所加给的桎梏。你们瞧,法哲学在他那里获得了多么辉煌的发展,我们这里所谈的并不是指着词句,并不是指着说法,而且指着内在的真实思想,这本书的灵魂。抽象的法律领域被道德世界、规范王国以及为自己所阐明的法律权所解决、所代替了。然而黑格尔并没有在这里结束,而是从法律观念的高度突入世界历史之流,突入历史的海洋。法律科学完成,完满结束,从自己本身中走出来。个性发展的过程正是这样的。模糊的个体性,从自然的直接性中出来,像雾气一样升入普遍的范域,被观念的太阳照耀得清澈透明之后而在广袤无垠的普遍的碧空中获得了解决;然而它们并没有在碧空之中消失;它接受了普遍的东西,成为甘霖和纯洁而晶莹的水滴又降落到原来的土地上。回来了的个性的全部宏伟之处即在于它保全了两个世界,在于它把族类和不可分割物结合在一起,在于它成为它所因之而产生的东西,或是说得更正确些,成为它为之而产生的东西,即两个世界的自觉的联系,在于它理解了自己的普遍性并保全了单一性。这样地发展了的个性就把知识本身看做是更高一级的直接性,而不把它看做是命运的完成了。返回乃是一种辩证的运动,同上升一样是必然的。停留在普遍上乃是静止,亦即死灭;观念的生命乃是"一切都卷入其中的酒神节狂饮,一切都不间断地发生和消亡,永无休止,只在这一运动中得到安宁"*。再说一次,普遍的并不是完美无缺的真理,而是个别的东西在其中解体,转化过程已在其中完成的一个真理阶段。普遍的乃是事先和事后的静止,可是观念不能停留在静止之中,它自然而然就离开了普遍的领域而走进生活之中。

完全的 trio①,既和谐而又雄伟,只在世界历史中才能响起,只有在世界史中完全的生活的观念才能存在;在历史之外只是一些渴求完全、互相景慕的抽象而已。直接性和思想乃是在历史行动中获得解决的两个否定。这样,统一分解为对立,以便在历史中结合起来。自然和逻辑被历史所超越、所实现了。在自然里面一切都是局部的,个别的,分散存在的,只具有一种薄弱的实物联系;在自然里面,观念的存在是肉体的,无意识的,服从于自然法则和模糊的、尚未为自由理性所超越的意向。在科学之中则完全相反;观念存在于逻辑的组织中,一切局部的被取消了,一切都被意识的光芒贯穿着,波动着的、使自然运动的那种隐蔽的思想,通过运动的发展而从物理的存在中解放出来,变成了公开的科学思想。不管科学如何完备,它的完备性也是抽象的,它的地位对自然而论则是消极的;自从笛卡儿明显地把思维同事实、把精神同自然对立起来的那个时代起,科学已经认识到了这一点。自然和科学乃是弯曲度不同而又互相永远照映着的两面镜子;自然跟逻辑这两个分处两端的世界之间的焦点、交叉和集中之点,乃是人的个性。自然在每点上聚集,愈益深化,作为人的我而告终;在我之中它达到了自己的目的。人的个性使自己跟自然相对立,同自然的直接性角斗,在自身之中发展了种、永恒、普遍理性。完成这种发展乃是科学的目的。人类过去的全部生活,自觉和不自觉地以渴求达到理性的自我认识,把人的意志提高到神的意志作为自己的理想;在一切时期人类都追求道德上有益的、自由的行动。这样的行动在历

_____

① 三部合唱(奏)曲。

史上未尝有过,而且也不可能有。科学必须先行于这种行动;缺少知识,缺少完全的意识,就没有真正自由的行动;可是,人类过去生活中没有过完全的意识。科学导致着完全的意识,它证明了历史的同时也放弃了历史;真正行动并不要求过去事件为它作证,对于行动来讲历史是根据,是直接性的东西;以前发生的一切从发生源流上说来是必要的,然而未来之中一如在历史中一样也将具有独特性和自律性。未来跟过去的关系,正如成年的儿子跟父亲的关系一样;为了诞生,为了长大成人,他需要养育者,他需要父亲;然而成人以后跟父亲的关系就起变化了——变得更高级,更充满爱意,更加自由的了。莱辛把人类的发展称为教养*,如果无条件地引用这句话,那是不正确的,不过在一定的范围内这种说法是很对的。确然,人类至今还具有未成年的鲜明的标志;人类正在慢慢地被教养成具有意识。粗率地看来,由于丰富多彩,由于创造的富丽堂皇,由于显然不必要而且互相敌对的过多的形式和力量,这种教育学似乎没有统一性。可是从自然、无意识发展到有意识,到自律的本来的途径正是这样的。现在我们来讨论自然:自然对于它本身也是模糊不清的,因为这种模糊不清而感到苦闷,它在向往着自己也莫名究竟的目的,不过这种目的同时也是其骚动的原因,它通过千万种形式来追求达到意识,创造一切可能性,向四面八方猛冲,去撞击每一个门,在一个题目上创出无数的异说。生活的诗篇就在于此,其内在丰富性的明证亦在于此。自然的每一发展阶段,也都有其目的,有其相对的原因;它是锁链的一个环节,可也自成一环。自然被不了解的、伟大的忧虑所引诱,从一个形式升入另一个形式;不过它一方面向高处过渡,一方面却执拗地保持在先前的形式之中，并把它发展到最后限度，仿佛一切解脱即寓于此形式之中。可是事实上已经获得的形式乃是一个伟大的胜利、凯旋，乃是一件可喜的事情；它每次是现有的最高存在。自然从这里面走向四面八方①。因此，人们曾想把它的一切拉成为呆板的直线是枉费心机的；它并没有准确的等级表。自然的产物并不是一个梯阶；不但如此，这些产物又是梯阶、又是在这梯阶上上升的一切；每一级既是手段，又是目的，也是原因。Idemque rerum naturae opus et rerum ipsa natura②，普利尼③就曾经这样说过。人类历史乃是自然历史的继续；在历史上可以看到的千变万化、部门众多是惊人的；部门更加宽阔，问题更加高深，手段更加丰富，背后的思想更加鲜明，——方法怎么能不复杂呢？发展在逐步变得深刻而又复杂；安然憩息于最初阶段的顽石是最单纯的。哪里产生了意识，哪里就产生了道德自由；每一个人都按照自己的方式履行天职，从而在事件上留下他的个性的烙印。各族人民乃是世界戏剧中的伟大的角色，把全人类的事情作为自己的事情一样来扮演，赋予行动一种艺术的完美和充满生活的气息。假如他们把自己的存在看做只是不可知的未来的一个阶段的话，那么各民族所曾经扮演过的只是一种毫无价值的角色；他们会很像一个搬运工人，只是觉得货物的沉重和路途的艰辛，而货物却是别人的。如我们所看见的，大自然并不这样对待自己的无意识的儿女；何况在意识世界中并不能没

---

　　①　毕丰的伟大的思想："La nature ne fait jamais un pas qui ne soit en tout sens."（自然没有一个步骤不是完全自觉的。）——赫尔岑原注

　　②　（拉丁语）自然的创造和自然本身——两者是一回事。

　　③　Plinius(23—79)，罗马博物学者。——译者注

有自我满足的阶段。然而，人类的精神在把它的坚定不移的目的，以及对充分发展的永远的追求向深处推进时，它不能安于既往的任何一个形式之中；它的先验的奥秘、它的统摄的个性（übergrei-fende Subjectivität）*的奥秘即在于此。不过我们可不要忘记，既往的形式所以每一个都具有它的内容，而精神也只具有它所已经越过界限的那种形式，只是因为内容已经发展到，已经变为，已经转化为这种形式。精神活动的历史——即所谓它的个性，因为"它就是它所制造的"①——就是渴望无条件的和解，实现灵魂中的一切，超越自然的以及人为的方法。历史的每一步骤，都是囊括并实现该时代的全部精神，它有它的完备性，一言以蔽之，即生气勃勃的个性。各族人民感觉到登上世界历史舞台的使命，听到了宣布它们的时机已届的声音，于是就满怀灵感的火花，获得了两重生命，表现出任何人都不敢设想它们会具有的，就是它们本身也没有想象到的力量；在草原和森林的四周建筑起村庄，科学艺术繁荣了，巨大劳动的完成是为了给未来的思想准备好长途商队的宿泊处，然而思想这支雄伟的洪流愈流愈远，它所遍及的空间愈益广阔。然而这些商队宿泊处并不是思想的外在旅舍，而是它的骨肉，没有这种骨肉，思想也就无法存在，为了未来而接受过去的子宫，不过也是具有自己的生命的活生生的东西；历史发展每一个驿站本身都是有目的的，从而也就有其值得褒奖和自满的地方。对于希腊世界，它的使命是无条件的；在它那个世界范围以外，它一无所知，而且也不可能有所知，因为在当时未来尚未出现。未来乃是

---

① 《法哲学》。——赫尔岑原注

一种可能性,并不是现实性,因为实在并未存在。理想,在任何时代都是从偶然性中净化出来的时代本身,是现时事物的变了形的直观。当然,现时代愈益包罗万象,愈益完全,它的理想也就愈益带有世界性,并愈益真实。我们这个时代就是这样的。各族人民虽然目睹人类命运的完成,却不知道能把他们的音响结合成为一支交响乐的和声;奥古斯丁①在古代世界的废墟上建立起关于上帝之城的崇高思想,人类向它走去,并在远方指点着隆重的安息日。这曾经是历史哲学的诗意的宗教性的开始;这种开始显然是渊源于基督教的,不过人们长期没有觉察到这一点;不到一个世纪以前,人类思索了,真正开始对自己的生活要求答案了,结果猜见它的进行是不能没有目的的,它的历史具有与一切有关的深刻而唯一的意义。它以这一个成熟的问题指出了教养的终结;科学负担起回答这个问题的任务,可是它刚一提出答案,人们就提出脱离科学的要求,——这是成年的另一个标志。不过想亲手打开门扉,科学就必须毫无缺陷地完成自己的使命;只要还有一个坚固点仍未为自我认识所征服,——外在的事物还是要进行抵抗的。这种恒星的数目虽然愈来愈少,可是它们还有。教养以外在的、现成的真理为前提;一旦人掌握了真理,真理已在人的胸中,教养事业也就完结了,——自觉行动的事业就开始了。人类昂首阔步地从科学殿堂的大门走出来,由 omnia sua secum portans② 这样的意识所鼓舞;向前走去创造上帝之城了。科学的和解用知识取消了矛

---

① Augustinus(354—430),中世纪神学家。——译者注
② (拉丁语)把自己的一切都带在身边。

盾。同样地,生活中的和解用幸福也取消了矛盾①。生活中的和解乃是地上乐园的另一株树的果实,它一定值得亚当付出血汗和艰苦的劳动,——而且他也为它付出过了。

然而,这将会怎样呢? 究竟如何——那是未来的事情。我们能够预知未来,因为我们是三段论法所依据的前提,然而只不过能以一般的、抽象的方式预知未来。一旦时机来临,事件的闪电就拨开云雾,焚毁障碍,从而未来的事物就像雅典女神一样全副武装地诞生了。但是,对未来的信念毕竟是我们最光明正大的权利,乃是我们不可剥夺的幸福,相信未来,我们就会充满对现在的热爱。

而且这种对未来的信念,在严重的时刻把我们从绝望中拯救出来;这种对现在的爱也将由于善良的行动而变成生气勃勃的。

1843 年 3 月 23 日

---

① 在这里不禁想起斯宾诺莎的一个伟大思想:"Beutitudo non est virtutis prae-mium,sed ipsa virtus(幸福并不是德行的奖赏,而是德行本身)"*——赫尔岑原注

# 苏联国家文学出版局 1955 年版《赫尔岑九卷集》的题解和注释

## 题解

《科学中华而不实的作风》这一组论文是赫尔岑的卓越哲学著作，也是四十年代形成的俄罗斯哲学新思潮——革命民主主义的唯物主义哲学——的初期著作之一。这一著作的内容乃是跟思想斗争的过程紧密联系着的。俄罗斯哲学新思潮是在这一斗争过程中成长起来的，赫尔岑的唯物主义世界观也是在这一斗争过程中形成的。

三十年代末，黑格尔的唯心主义哲学，在跟赫尔岑接近的莫斯科知识界得到了很大的传播。成为这种哲学的狂热的信徒的，当时有巴枯宁、波特金及其他等人。黑格尔哲学的影响也影响到了别林斯基，部分是由于这种影响的作用，他在某一时期曾有过"与现实调和"的思想。

1840 年赫尔岑流放归来，到了莫斯科之后，马上就被吸引到"莫斯科人"这个哲学爱好者的团体中去了。赫尔岑在流浪中得到巩固并加强的革命情绪，激起他对莫斯科青年迷恋于"现实世界的理性"的黑格尔的思想以及抽象的烦琐哲学的哲学思索发生强烈的反感。由于和莫斯科黑格尔主义者论战，使赫尔岑转而去研究黑格尔的哲学，并研究一般的哲学史。赫尔岑从头开始独立地和批判地研究黑格尔，他很快就得到了一条确实的结论，即黑格尔哲学并不能满足正在寻求改变俄罗斯专制农奴制的途径和方法的俄罗斯社会先进分子的需要。赫尔岑明确了新的哲学理论的必要性，这种哲学理论应当能成为反专制、反农奴制的斗争的根据。

依赫尔岑的意见，要想创立这种哲学理论，首先必须对哲学是什么，它的目的和社会使命是什么等问题具有明确的概念。规定哲学的对象、方法和任务也是《科学中华而不实的作风》这几篇论文的主要内容。在这几篇论文中，赫尔岑在继续同莫斯科黑格尔主义者进行哲学争论的同时，也批判了四十年代已经形成的顽固守旧的斯拉夫主义思想体系。

赫尔岑的《科学中华而不实的作风》这一组论文是1842年4月在诺甫格罗德城流放中开始写的，1843年3月脱稿于莫斯科。这个时期赫尔岑的哲学唯物主义的形成过程基本上是形成了；可是在他这几篇论文中，还可以遇到一些唯心主义观点，以及唯心主义的、黑格尔式的用语。

《科学中华而不实的作风》在俄罗斯哲学思想史中之所以具有重要意义，首先是因为赫尔岑这部著作每一页都在热烈地鼓吹哲学的实践的、社会改造的使命，鼓吹哲学要同生活、同革命的斗争联系起来。赫尔岑的这些论文帮助了先进青年理解哲学的目的和任务，引导青年沿着理论和实践、科学和生活相联系的道路进行哲学探索。赫尔岑对辩证法观念和哲学唯物主义的发展，对唯心主义哲学，特别是对十八世纪末叶到十九世纪初叶的德国唯心主义哲学所作的批判,促进了俄罗斯思想中唯物主义传统的巩固和发展。

　　赫尔岑的论文在四十年代得到俄罗斯先进人士的极高的评价。第一篇论文问世后,别林斯基曾经在给波特金写的信中写道:"请告诉赫尔岑,说他的《科学中华而不实的作风》漂亮到无以复加了,——我被它陶醉了,一再地重读它;给杂志写文章就应该这样写。这并不是一时冲动,并不是夸张,——我已经不在迷恋之中了,知道我的称赞该是多少分量。我重复一遍,他的论文是极难得的好。"(《В.Г.别林斯基书信集》1914 年 СПБ 版,第二卷 334 页)。别林斯基在《一八四三年俄罗斯文学》这篇短评中,曾经提到过赫尔岑的几篇论文,把这几篇论文放进 1843 年发表的"优秀的学术—美学论文"之列。同样可以说明别林斯基对赫尔岑这几篇论文的评价的,还可以引证赫尔岑在 1843 年 4 月 22 日(3 月 3 日)致奥伽列夫的信件中的结尾语:"维萨里昂①则说我用钢镂雕了自己的论文,并且很喜欢。"

　　《科学中华而不实的作风》一书在青年学生中颇受欢迎,这件事使赫尔岑特别高兴。1845 年 1 月 3 日,他在日记中写道:"伊凡·华西里耶维奇·巴甫洛夫讲到过我那几篇登在《祖国纪事》上的论文在学生中被接受的情形,——我应该承认,我听到了很高兴,对我的劳作没有再大的奖励了。年轻的人们立即重视它,怎么一回事,竟成群结伙地进点心铺里去阅读呢。"

　　关于赫尔岑这几篇论文对于四十年代俄罗斯先进知识分子的革命的和唯物主义的世界观的形成的影响,可用彼得拉舍夫斯基

_____

　　①　即别林斯基。——译者注

派成员 Ⅱ.С.卡什金写的,后来曾于 1848 年末在小组的一次集会上宣读过的《关于社会科学的任务的演说》来证明。卡什金的《演说》中许多论点跟赫尔岑的著作的思想极其相近。《演说》中附录了《科学中的佛教》这一论文的断片,在这篇论文中赫尔岑揭露了德国唯心主义哲学信徒们的政治上的保守主义。卡什金用"伊斯康大"①的美丽的话为他的《演说》做结,从《科学中的佛教》这篇论文中引用了最后两句话(《彼得拉舍夫斯基派案件》第三卷,1951年,莫斯科—列宁格勒版,154—155、158 页)。

在五十年代到七十年代,赫尔岑的《科学中华而不实的作风》这几篇论文在先进的知识分子中也受到了欢迎。车尔尼雪夫斯基和杜勃罗留波夫无疑是知道这几篇论文的。1870 年由于赫尔岑的作品《沉思》这个文集的问世,Н.В.舍尔古诺夫看出了《科学中华而不实的作风》的许多思想的及时性,特别是赫尔岑对形式主义者科学中的和"佛教徒"所做的批评。

《科学中华而不实的作风》这一组论文于 1843 年首先发表在《祖国纪事》上,赫尔岑在世时并没有再印行。

---

① 赫尔岑的笔名。——译者注

# 注释

## 论文一

首次刊登于《祖国纪事》第一册第二部的 31—42 页（书刊检阅许可——1842 年 12 月 31 日），署名：И－p。

"科学中华而不实的作风"这个名词乃是赫尔岑的独创的合成的概念，为的是表示一些关于哲学、哲学的对象、方法和任务的错误见解。用赫尔岑的话来说，华而不实的作风乃是"对科学的一种爱，这种爱与对科学完全缺乏了解连结在一起。"华而不实的人"不了解科学，也不了解向科学该要些什么"。赫尔岑所反对的"华而不实的人"，乃是指四十年代初他曾经脱离开的那个莫斯科知识分子界中的许许多多"哲学思索的爱好者"而言的。开始写作这一组论文之后不久，在 1842 年 4 月 26 日他就在日记上写道："五天来我在写《科学中华而不实的作风》这几篇论文。我很满意，——我觉得，在我们伪哲学家中普遍感染上的这种病症似被描写得很成功。"

可是，赫尔岑的著作的实际意义却远远超过了批判莫斯科"伪哲学家"的范围以外。独创地发展了唯物主义和辩证法，热烈地断定哲学和实际革命行动相结合的必要性，这就使得《科学中华而不实的作风》一书被列入十九世纪上半叶先进哲学思想的卓越著作之林。

这组论文的第一篇的主要思想是，作为科学的哲学具有客观的对象，它的原则和法则都有客观意义。赫尔岑一方面发展了这种思想；另一方面也批判了对待哲学的反科学的主观主义的态度，这是"华而不实的人"所特有的，这些人"也不问询一下科学是什么，科学能给他们一些什么，而强求它作出他们想要向它征询的答案。"

　　论文中所包含的赫尔岑关于科学思维必须遵循的方法的思想是颇饶兴味的。赫尔岑严厉地批判了那种研究现象的方法,即把统一不可分割的整体的各个方面,人为地互相隔断开来,并使之变成僵死的抽象。按照他的信念,"真理是活生生的,正像一切有机体生物一样,只能作为整体而存在;一把它解剖成为各个部分,其灵魂即行消逝,而剩下的乃是带有尸臭的无生命的抽象"(页 14)。赫尔岑在这里提出了反对形而上学的思维方法,并发展了辩证法的思想。

　　在这篇论文中鲜明地表明了赫尔岑对世界可知性的信念。他断言"人面狮身像和鹰面狮身怪物所严守的秘密已不存在,内在本质即将为敢作敢为的人所揭开"。赫尔岑把对人的思想力量,对人达到真理的能力的深信,跟"华而不实的人"的蒙眬的梦想以及动摇不定的怀疑主义对立了起来。

　　第 1 页　至于渴望和解的人则可以分为两种……——可以作如此的推测,即赫尔岑在这里是有所指而言的,特别是指 И. П. 加拉霍夫和 M. H. 卡特柯夫。在《往事和思索》中,赫尔岑对加拉霍夫作过这样的描写:"他智力高强,然而较富有突发性和狂热性,而缺乏辩证性,他刚愎自用地急躁地追逼真理,并且是追逼实践的,现在正被应用于生活上的真理。他恰如好多法国人那样不注意真理只是在方法上可以被获得,并且连这一点也始终是与真理不可分割的;至于作为结论的真理,则是老生常谈。加拉霍夫不是谦虚地以献身的精神去寻求未曾发现的东西,而是寻求可以使人心安理得的真理,因此真理躲过了他那种想入非非的追求,是不足为奇的。他抱怨,他恼怒。"

　　第 2 页……科学中的伊斯兰教徒——赫尔岑如此称呼独断主义地掌握科学的词句,"而不管科学活生生的灵魂"的人们。《古兰经》是伊斯兰教徒的圣经。

　　第 4 页……如贝朗热所说的,nos amis les ennemis——引自贝朗热的诗《这些少女的意见》。

　　第 6 页……从新教的片面性中产生出来的德国虔诚主义者们——虔诚

主义（来自拉丁文的 pletas——笃信宗教）——十七世纪下半世纪和十八世纪上半世纪西欧新教徒中的一个教派。

第 10 页　"世界上没有人……分享不到"——这段引文摘自黑格尔《精神现象学》的绪言。

第 12 页　……感觉、梦想和狂想的考亭峡谷——考亭峡谷是意大利卡甫吉雅城附近的深谷。在公元前 321 年被索姆尼特军队封锁在考亭峡谷之间的盆地的罗马大军，被迫接受了屈辱媾和的条件。

第 14 页　Nichts ist drinnen...——摘自歌德的诗作《艾庇烈姆》（1819—1820）。

第 17 页　Lasciate ogni speranza voi ch'entrate!——但丁《神曲》中地狱大门上的题词（《地狱》，第三篇）。

"怕什么？你载送的是我！"——据传说，恺撒在暴风雨时对舰长说过这样的话。

第 18 页　Ist nicht der Kern der Natur...——摘自歌德的诗《最后警告》（1820）。

第 19 页　……神圣的果断从丰收女神面上撕下帷幔，用火热的目光凝视被揭示出来的真理，——古埃及神话中的丰收女神乃是自然生产力的象征，是奥齐里斯（译者注——古埃及的主神）的姊妹和妻子；神话中的丰收女神被描写成非常聪明，学识丰富。在绍斯城丰收女神庙上镂刻着这样的词句："过去、现在、未来我永远如此；没有一个凡人曾经掀起我的帷幔。"

## 论文二　华而不实的浪漫主义者

初刊于 1843 年《祖国纪事》第三册第二部 27—40 页（书刊检阅许可——1843 年 2 月 28 日），署名 И-p。

在第二篇论文中赫尔岑发展了《科学中华而不实的作风》这一组论文的

基本思想之一——关于哲学跟生活相结合的必要性的思想。赫尔岑竭力证明十九世纪的人不可能从根植于另一个历史时代的世界观那里获得满足,证明他所需要的乃是能够满足当代社会需要的对世界的新观点。当然,由于还没有掌握唯物史观,赫尔岑无法发现能够使新观念和新理论进入生活的真正的历史原因。然而他却彻底贯彻了以历史态度对待任何现象,确认在这一个时代是自然的真实的事物,在另一个时代就变成了腐朽的、毫无用处的事物的思想。赫尔岑从这种观念出发评价了古典主义和浪漫主义,他不只是把它们当做艺术当中的流派,而且也把它们当做世界观的一定典型来加以考察。

依赫尔岑的意见,古典主义的特点是尊重自然,相信经验的知识,尊重在实践上讲求功用的倾向性。与此相反,作为浪漫主义的基础的却是唯灵论,对于感性的、物质的东西的鄙视,迷蒙的梦想。古典主义是古代世界的产物;在古希腊罗马世界的清明而充满欢乐的艺术之中表现出对自然的热爱,对自然美的感受,对生活美满的享受。在中世纪发展起来的浪漫主义与古代的世界观、古代的艺术相对立。"对于它来讲,精神和物质不是处于和谐的发展中,而是处于斗争之中,处于不协调之中。自然是虚妄,不真实的,一切自然的事物都被否定了"(页 31)。赫尔岑跟浪漫主义的神秘的宗教基础是根本绝缘的,不过他认为浪漫主义具有它的历史价值,认为在浪漫主义艺术之中发现了更加深刻地表现人类精神的地方,"揭示了灵魂的丰富性",这一点是古代世界所不能梦想的。同时赫尔岑也指出,唯灵论的世界观限制了浪漫主义艺术中人的内心生活的描绘。他作如此的断言是因为,"天才地揭示出人的内心生活的全部深度、全部内容、全部情欲和全部无限性,对于生活的难以触及的奥秘的大胆探求,以及对它的揭露,这些并没有形成浪漫主义,而是超越了它。"这种深入全面的对人的描绘,就引出了一种新的现实主义的艺术,赫尔岑确信古典主义和浪漫主义必然要让位于这种艺术。古典主义和浪漫主义在它那个时代里"曾经一度很富有生命力,正确而优美"。但它们"属于两个伟大的过去时代"(即在古代世界和中世纪)。因而"无论如何努力也无法使它们复活,它们是做为在当今世界已无栖身之所的死者的幽灵而残存下来的。"

论文中清楚表明了赫尔岑对神秘主义和唯灵论的不可调和的敌视态度。赫尔岑对浪漫主义的神秘性质的批判,无疑是间接地对整个宗教世界观的批判。显然,由于这一点,赫尔岑已经预测到论文很可能引起对作者的迫害。1843年2月28日他在日记中曾经写道:"刊登我那篇关于浪漫主义的论文的第三期《祖国纪事》昨天在彼得堡出版了。我把它浏览了一遍。也许是检查机关把它删改得残缺不全,也许就可能造成后果。可能就是第三次流放。这将是很痛苦的,不过我已经准备好了。"

赫尔岑在这篇论文中的思想,在好多地方与别林斯基在1842年第一期《祖国纪事》上发表的《1841年俄罗斯文学》这篇论文中对浪漫主义所做的评述相似。

第21页　让死者埋葬死者吧。——这个题词乃是稍有改动的《福音书》中的话。

第24页　三十年战争(1618—1648)——开始时为组成日耳曼帝国的各国间的一次战争,是一场新教同天主教的斗争;后来欧洲其他国家也逐渐卷入到战争中去;这次战争以《威斯特法里亚和约》而告终,它使得日耳曼的力量大大削弱。

第25页　……已被高卢人看做是死人的罗马元老院议员——据传说,公元前390年高卢人侵入罗马的时候,罗马元老院议员在会议广场上迎接征服者,一动不动,一声不响,因此高卢人把他们看做是死人或是某种高级动物。

第26页　我们当代世界的活的普西海雅——古希腊神话中的普西海雅乃是人的灵魂的化身。

第34页　矢状拱的森严样式——即哥特式。

第34页　这是谢林论音乐的一句话;《Пантеон на Парфеноне》——雨果

用来指圣彼得罗大教堂而言——赫尔岑是指谢林的《艺术哲学》（1802—1805）和雨果的长篇小说《巴黎圣母院》（1831）第五卷第二章。

第 36 页    ……"彼处永远不会成为此地"——引自席勒的诗《朝圣者》。

……鹿特丹的艾拉斯姆……含笑写出 de libero et servo arbitrio 之类的文章……——指鹿特丹的艾拉斯姆的《自由判断短论》，其中有批判路德，特别是他的意志不自由的学说之处。

第 40 页    Das Jahrhundert ist im Sturm...——引自席勒的诗《新世纪的开始》（1801）。

……望着耶拿、瓦格拉姆的战场——耶拿是德国一个城市，1806 年普法两国的军队在这个城市有过一场会战，以德军覆灭告终。瓦格拉姆是维也纳附近的一个村庄，1809 年法奥两国军队在这里有过一场会战。

第 40 页    ……伟大思想家的名字——指歌德。

第 41 页    ……思辨的、辩证法的思想家——指黑格尔。

第 42 页    ……浪漫主义的布洛肯山巅——布洛肯山在德国；有许多反映在浪漫主义作家的创作中的民间传说和这座山有关。

第 43 页    ……谢林衰老了——指四十年代谢林宣扬反动的神秘主义观点的言论。

……始终如同跟被包围的列奥尼达斯共在的斯巴达人一样——指有名的塞尔莫比里决战（公元前 480 年），在这次决战中，波斯人迂回到列奥尼达斯王所率领的斯巴达队伍背后。队伍被波斯人消灭了。

第 43 页    ……这是另外一个问题，关于这个问题，我们现在不打算答复——这里赫尔岑大约是指三十年代西欧的革命运动，以及空想社会主义思想的传播。

## 论文三    华而不实的人和学者的行会

初刊于 1843 年《祖国纪事》第五册第二部 1—16 页（书刊检阅许可——

1843 年 4 月 30 日），署名 И-р。

在第三篇论文中赫尔岑从一个新的方面发展了哲学跟生活相结合的必要性的思想。一般说来这篇论文专门反对使哲学和科学完全脱离生活实践的需要，以及把它局限于狭窄的专门学者的圈子里的企图。

赫尔岑揭破了在科学脱离生活及其需要的基础上发展起来的"行会学术"的坏处。抽象的、人为的、不能应用于生活的结构，与此并列的狭隘的、不发展的经验主义，乃是一堆"没有联系的经验，没有一个总的目的的观察"；按照赫尔岑的看法，缺乏科学的方法以及烦琐哲学艰涩的语言，这就是"学者们的手艺匠专门化"的有害的后果。根据赫尔岑的见解，真正的学者乃是当代社会生活的积极参加者，是公民兼学者，是有着广阔的眼界和活生生的实践行为的人。

论文中清晰地表明了赫尔岑世界观的唯物主义基础。他确信"真实的世界无疑是科学的基础，不依据自然，不依据事实的科学，正是华而不实的人的虚无缥缈的科学"。同时在这篇论文中也可以看到赫尔岑的唯物主义并未完成，以及唯心主义的用语。比如，他写道："在生活中受到偶然性等等所侵害的自然，在科学中从偶然性和外界影响支配下解放出来，恢复了它的本来面目。""可以说，自然渴望自己从偶然的存在中解放出来，在科学中理性完成了这一点"等等。

论文中尖锐地批判了学术专家的形而上学的思维。这些人的特色，如华而不实的人一样，就是"解剖不可分割的事物"，没有能力在现象的活生生的联系上和整体性上了解现象。赫尔岑则与之相反，他认为"一切活的东西只是在作为整体的时候，在内在和外在、一般和个别共存的时候，才是活的和真实的。生命是结合了这两个因素的；生命乃是两者永远互相转化的过程。"

论文中对黑格尔哲学的批判颇为有趣。赫尔岑一方面对于黑格尔在哲学思想发展当中的作用作出很高的评价，同时也注意到黑格尔哲学的保守倾向。用赫尔岑的话来说，即黑格尔常常"把原理探索出来而不敢承认原理的一切结果，他不去寻找简单明了的、自然的、当然可以得出的结论，而还要让它跟现存的事物相安无事"。

第45页　轮回——灵魂的转世。

第50页　……科学的祭司——这里祭司一词原来的意义是古代犹太人中的教士阶级。

第56页　……检验尸体——验尸即解剖。

……柏林的教授们——赫尔岑指的是黑格尔右派。

第57页　奥埃尔镇——普鲁士的一个市镇，1805年拿破仑曾在这里大败德军。

……费希特……暂时丢开了书卷。——在拿破仑入侵德意志时，费希特曾以社会政治问题的讲演人的身份出头演讲。

卢克索尔方尖碑——古埃及拉姆泽二世建立在卢克索尔的阿蒙寺院入口处的两个方尖碑之一。1831年被运到巴黎，安置在和睦广场上。

第63页　弗朗齐亚博士治下的巴拉圭"共和国"——指1814—1840年巴拉圭共和国弗朗斯·豪斯·哈斯巴·罗德里盖斯独裁的专制统治。

第65页　列出一切蕴涵——在逻辑中，蕴涵是一个概念对另一个更一般概念的隶属。

第67页　……像拿破仑看待观念学家那样——十八世纪末至十九世纪初法兰西哲学派别的代表人物自命为观念学家（卡巴尼斯，特别是台斯特·德·特拉西[①]。拿破仑在"观念学家"这个用语中带有讽刺的意味，指"抽象的理论家、梦想家"。

第68页　Tout ce que l'on…——引自波伐洛的《诗的艺术》(1674)。

---

① Cabanis(1757—1808)，Destutt de Tracy(1754—1836)，法国资产阶级革命时期的政治家和哲学家。——译者注

## 论文四　科学中的佛教

初刊于 1843 年《祖国纪事》第十二册第二部 57—74 页（书刊检阅许可——约 1843 年 11 月 30 日），署名 И-p。

赫尔岑认为《科学中的佛教》一文具有巨大的意义。他在 1843 年 2 月 4 日的日记中曾经写道："波特金称这篇哲学论文是一首 symphonia eroica①"。我接受这种称赞——事实上它正是我带着火热而兴奋的心情写就的。这就是我的诗篇。我所谈的科学问题是与一切社会问题联系在一起的。我在这里可以把充塞胸中的话用另一些言语吐露出来。

赫尔岑断言作为社会动物的人，其使命就是旨在改善生活、改善社会秩序的积极活动。

能够使人满意并导致胜利的正确活动，乃是有意识的、力求达到目的的、有理智的活动。这样的活动只有在一个人以关于生活的规律及其发展的进程和前途的知识武装起来的时候，才有可能。科学和哲学正是向他提供了这种知识。

然而这么一来，哲学本身的价值以及它的社会意义就因为它应用于生活以及它对实践活动的意义而发生了变化。赫尔岑写道："对人来讲科学乃是一个阶段，生活在这个阶段的两个方面都有，一个方面是天然而直接的生活，向它进行着；另一方面是自觉而自由的生活，从科学那里出发的。"

在断言哲学同实际社会活动的联系的必要性的时候，赫尔岑曾经尖锐地抨击了哲学脱离生活、"纯"知识以及把科学了解为目的本身的认识。他指出同现实"调和"，为现实辩护，拒绝反对生活中腐朽反动的事物的斗争，都是这样了解哲学的基础。赫尔岑在这里所批判的首先是针对着黑格尔哲学带来的那些保守的结论。

---

① （意大利语）英雄交响乐。

赫尔岑公正地注意到黑格尔"在打开了精神领域的时候,谈论着艺术、科学,然而忘记了跟一切历史事件缠结在一起的实践活动",注意到自命得出了世界历史的最终目的乃是黑格尔的特点。黑格尔哲学的这个缺陷在德国黑格尔右派的观点当中表现得特别明显。赫尔岑的批判同时也是针对俄罗斯黑格尔信徒提出的。

赫尔岑痛斥那些认为人类已经获得"绝对知识"和"绝对的存在形式",因而也就想要把社会现存的对劳动人民的剥削、饥饿、贫困现象说成纯系"偶然"的人们。论文证明赫尔岑的民主主义,及其想要使哲学为先进的人们争取改善劳动人民的地位的斗争服务的意图。

赫尔岑把创立以服务于实际的革命活动为使命的新哲学的希望,首先跟俄罗斯思想的发展结合在一起。他写道,"把我们北方货币投入人类思想宝库这项伟大的使命也许就在这里开始了;也许我们这些很少生活于往日的人们,就是确实地统一科学和生活、言论和行动的代表人物"。这几句话里面显明地表现了赫尔岑的爱国主义精神,以及他对俄罗斯思想力量的信心。

论文中表现了赫尔岑的历史的乐观主义。从这一点来说,赫尔岑这篇论文的结尾是有重大意义的,在这里他谈到了对未来的信念,确信在艰难的绝望的时刻是会获救的。在尼古拉反动统治的条件下,赫尔岑的论文成为"正义行动"的号角,即为了光明的未来、为了人民的幸福而起来反抗专制的农奴制度的号角。

第71页　毁弃自己的灵魂的人……——录自《福音书》。

信心若没有行为就是死的——录自《新约》《雅各书》2,17。

……他们组成了科学的马其顿枪兵密集方阵——古希腊重武器步兵的一种特殊战斗队形。

哈里法特——七、八世纪形成的包括阿拉伯、北非和西班牙的一部分的阿拉伯哈里法、伊斯兰教国家首领所统治的疆域。

阿尔罕波里——哈里法在格列南特(西班牙地名)的宫殿,是东方艺术的卓越的纪念物。

第 75 页　假如亚伯拉罕毫不犹豫即可杀掉以撒的话，那么还用得着去考验他吗？——见《创世记》22 章，上帝为了要考验亚伯拉罕，命令他用他的儿子以撒作牺牲。

历尽精神现象的苦恼……——即体验了对知识和真理的探求。赫尔岑在这里使用这个术语，是从黑格尔的阐明认识发展的唯心主义理论的《精神现象学》这部著作而来的。1842 年 2 月 3 日赫尔岑给 A. A. 克拉耶夫斯基的信函中写道："最后，我很好地把《现象学》读完了……我心脏在跳动，怀着一种非常严肃的心情读完了它……"

很多年以后，赫尔岑忆起四十年代初他学习黑格尔哲学的情况时，曾经在《往事和思索》一书中写道："我甚至这样想，没读过黑格尔的《现象学》和普鲁东的《社会经济矛盾》，没有经过这一熔炉的锻炼的人是不完全的，是不现代化的。"（《往事和思索》第四部第二十五章）

第 76 页　用达尼拉火热的字母——圣经神话，先知达尼拉曾经向巴比伦王伐勒塔萨解释预言巴比伦灭亡的用火热的字母涂写在宫墙上的话。

第 77 页　… nuovi tormenti——引自但丁的《神曲》（《地狱》第六章）。

第 83 页　谢林的叛变行为……意味深长……——指晚年谢林的反动的《启示哲学》，这时他完全丧失早期哲学中曾经具有的积极的辩证法的因素。

第 84 页　……浮士德朝之走去的母神——在歌德的《浮士德》第二部（第一幕）中，浮士德走进了母神居住的世界，即走进了一切存在的原形的世界，并从这个世界之中引出了海伦和巴里斯的无形体的影子。

由于科学高于生活，因而科学的领域是抽象的。它的完备性是不完备的——这种思想在这篇论文中得到了发展，其目的不只在于反对哲学脱离实践活动，而且也在于反对极力想把逻辑、思想摆在自然之上的唯心主义。关于这一点赫尔岑在 1845 年 1 月曾经这样写给奥格达夫："附带说明一下，你写道：'逻辑毕竟是抽象的'；是的，不言而喻，正是由于这种超越生活的高深使得它低于主活。请你读一下论述这一点的我的第四篇论文。我直截了当地提到了这一点。你是完全正确的，自然科学因此就冥顽不灵，逻辑很想用它的普遍因素窒杀局部自由的自然。"

第 85 页　Warum bin ich vergänglich, o Zeus? ——摘自歌德短嘲诗《一年四季》(1796 年)。

第 87 页　……把一切偶然的、日常的、衰颓的……都称为现实的，从而也就是有权利被承认的事物——这个批判，赫尔岑是直接针对鼓吹"跟现实妥协"的俄罗斯的黑格尔信徒而发的。

第 93 页　记得是在《哲学史》中——赫尔岑大概是指黑格尔在他的《哲学史》的《导言》中的话："举凡一切在天上或地上发生的——永恒地发生的，——上帝的生活以及一切在时间之内的事物，都只是力求精神认识其自身……"

第 94 页　……"一切都卷入其中的……得到安宁。"——引自黑格尔的《精神现象学》(序言)。(译者按：赫尔岑所引文句，与新版的俄译本大有出入；中译与 1962 年商务版中译本亦不同；请参阅中译本第 30 页。)

第 96 页　莱辛把人类的发展称为教养——这种思想被莱辛贯串在他的著作《人类教养》(1780)之中。

第 98 页　……统摄的个性(übergreifende Subjectivität)——赫尔岑袭用黑格尔这个术语来表示精神所固有的那种在其发展中超越其自身所设立的界限，使这种发展的每个下一阶段，都成为高于上一阶段的属性。

第 100 页　……斯宾诺莎的一个伟大思想…virtus——参见斯宾诺莎《伦理学》第五章第四十二定理。

**图书在版编目(CIP)数据**

科学中华而不实的作风/(俄罗斯)赫尔岑著;李原译. --北京:商务印书馆,2025. --(中外哲学典籍大全). — ISBN 978-7-100-24662-0

Ⅰ. B512.42

中国国家版本馆 CIP 数据核字第 2024LS5017 号

中外哲学典籍大全·外国哲学典籍卷

**科学中华而不实的作风**

〔俄〕赫尔岑 著

李 原 译

吉 洪 校

商 务 印 书 馆 出 版
(北京王府井大街 36 号 邮政编码 100710)
商 务 印 书 馆 发 行
北京科信印刷有限公司印刷
ISBN 978-7-100-24662-0

2025 年 3 月第 1 版　　　开本 710×1000　1/16
2025 年 3 月北京第 1 次印刷　　印张 9
定价:45.00 元